商务英语教学的发展与创新研究

张　琳　孙　楠　苏雷江◎著

吉林出版集团股份有限公司

图书在版编目（CIP）数据

商务英语教学的发展与创新研究 / 张琳，孙楠，苏雷江著. — 长春 : 吉林出版集团股份有限公司，2023.8

ISBN 978-7-5731-4017-3

Ⅰ. ①商… Ⅱ. ①张… ②孙… ③苏… Ⅲ. ①商务－英语－教学研究 Ⅳ. ①F7

中国国家版本馆 CIP 数据核字（2023）第 150503 号

商务英语教学的发展与创新研究

SHANGWU YINGYU JIAOXUE DE FAZHAN YU CHUANGXIN YANJIU

著　　者　张　琳　孙　楠　苏雷江

出版策划　崔文辉

责任编辑　李金默

封面设计　文　一

出　　版　吉林出版集团股份有限公司

（长春市福祉大路 5788 号，邮政编码：130118）

发　　行　吉林出版集团译文图书经营有限公司

（http：//shop34896900.taobao.com）

电　　话　总编办：0431-81629909　营销部：0431-81629880/81629900

印　　刷　廊坊市广阳区九洲印刷厂

开　　本　710mm×1000mm　1/16

字　　数　322 千字

印　　张　15.25

版　　次　2023 年 8 月第 1 版

印　　次　2023 年 8 月第 1 次印刷

书　　号　ISBN 978-7-5731-4017-3

定　　价　78.00 元

前　言

中国教育科学研究院研究报告显示，随着经济的转型升级，我国高层次技术技能型人才的数量和结构远不能满足市场需求。近年来，世界经济进一步融合，各国经济往来更加频繁密切，我国拥有进出口经营权的企业越来越多。随着经济全球化的不断推进、社会发展，对具备熟练商务技能的双语人才的需求存在着巨大缺口。此外，“互联网+”各种零售业及外贸、跨境电商形成了完美结合，跨境电商的进出口额逐年增长，跨境电商平台对商务英语应用型人才的需求也在不断增加。“教育转型”在当下是一个广受人们关注的话题。当今，有不少人主张教育要和社会的经济生活相融合，肯定教育的经济生活化。由此，大学教育产业化、市场化的转向已经是一个事实，教育的转型发展也对我国的商务英语教学提出了新的要求。

教学的魅力在于教学系统设计带来的叠加效能。本项目下的一系列在线课程先后建成，如“商务英语翻译”“跨文化交际”“英语口语”等。在此基础上，商务英语专业教师与外籍教师、行业专家协作，开展“线上线下”的混合教学探索。教学团队在商务英语口语、商务英语听力、商务英语翻译等技能的实训中，融入语料库技术、线上阅读、在线课堂、微课堂、短视频等大数据和互联网技术，使学生课堂内外的英语学习实现了“线上线下”一体化教学，满足了企业、行业和学生的需求，也实现了个性化和互动化。

本书主要对商务英语学科建设以及教学的发展与创新等相关理论进行研究，希望能对商务英语教学起到启示作用。

本书稿在完成过程中，得到了团队教师的大力支持，特此表示衷心的感谢！
本书不足之处，恳请各位专家、同行批评指正！

目　录

第一章　绪论

第一节　中国教育转型的时代要求

一、中国教育转型为科学技术的进步提供保障

人们经常以为，传统的教育有三个基本特点，即19世纪赫尔巴特为代表的传统教育理念：“教师中心”“学科中心”“课堂中心”。现代教育科技的快速发展从根本上将传统教育的基础进行了颠覆。首先，传统教育的“教师中心”观念被当代教育范畴的信息技术所覆盖。传统的教育方式因当代信息技术的广泛应用而受到深刻影响。在当代网络技术的普遍应用下，受教育者可以利用电子产品或网络接受教育，受教育者的受教育方式与接收教育信息的源头越来越多样化，对于以前主要依附于课本和教师为主的教育活动并不过分依赖。其次，当代科学技术与教育的发展及结合趋势使传统教育的“学科中心”观动摇。当代科学技术呈现出越来越明显的发展趋势就是综合化，如科学技术发展的范围综合、各个学科教学方式的综合、各个学科的各个研究领域专家的合作。现代教育科学技术的迅猛发展是大势所趋，正是这种发展突出了具有综合素质人才的重要性，进一步动摇了学科中心的传统教育理念。最后，传统教育的“课堂中心”教学理念被当代的科学教育技术的发展周期所覆盖，科学技术的发展

日益加快。在人们对全球自然社会认知的基础上，教育内容的更新步伐越来越快，教育内容的老化周期也相对越来越短。在18世纪，也就是在第一次科学技术革命时期，教育内容的老化周期在80到90年之间；在第二次科学技术革命的时候，教育内容的老化周期在15到20年之间；到了第三次技术革命的时候，也就是在20世纪70年代，教育内容的老化周期不到10年；在当代，教育内容的老化周期只有5年，甚至是3年。根据调查显示，当代工程设计师的教育内容半衰期是5年，在5年之内工程设计师的知识量中已有一半已经过期。在10年之内，设计工程师的知识储备中的90%都来自网络计算机。在当代教育科学技术的更新速度日益加快的时期，人们必须重新考虑对于知识的掌握在狭义的学校教育中的影响和意义。从某些方面来说，教育的最根本目的再也不是通过学校教育、一次性教育为教育者的终身发展打下基础。现在，知识的掌握已经转变为加速受教育者学习与发展的重要方法。

中国教育转型能使受教育者更好地掌握知识，为科学技术的进步提供人才保障。

二、中国教育的转型是响应中华民族伟大复兴的号召

中国在悠久的历史上曾留下过深刻的足迹，如在15世纪之前，中华民族的生产力与科学成就一直处于领先地位。一直到明代，全球的发明创造与科技成就最少有300个，其中源于中华民族的就有170个，很多项发明连续不断地被欧洲国家引入，为欧洲的文艺复兴奠定坚实的地基。到了当代，许多著名欧洲专家和学者在他们的著作中都提及中华文化的影响。数据显示，公元6世纪至11世纪期间，全球主要的科技发展与创造成果一共有231项，中华民族的发明总数占全球发明总数的58.4%左右，即中国的发明创造就有135项。教育

的目的就是培养人才，而人才的培养规格和速度必须依靠科技的发展。中国的发展必须依靠教育对人才的培养，目前教育的制高点必然是培养受教育者的创新精神和实践能力，并且源源不断地为中国乃至世界输送优质的人才。当今，全球各国的竞争归根结底是综合国力的竞争，是创新能力的竞争，一个国家只有具有了强大的创新能力，才会拥有强大的国力。

中国教育者必须接受挑战，适应世界未来的趋势，高举创新教育旗帜，培养具有创新能力的人才，为中国的未来发展而努力奋斗。

第二节 从“接受教育”到“创新教育”的范式转型

1962 年，美国科学哲学家托马斯·库恩在《科学革命的结构》一书中首次提出“范式”一词。从库恩对该词的使用来看，“范式”是指某一科学家集团在某一专业或学科领域中具有的共同信念。这一共同信念规定了他们共同的基本理论、观念和方法，为他们提供了共同的解决问题的框架。它规定着某项研究的发展方向与途径，并决定了共同体成员的形而上学信念和价值标准。在库恩看来，“科学革命”的实质就是“范式转换”，是少部分人在广泛接受的科学范式里发现现有理论解决不了的“例外”，尝试用竞争性的理论取而代之，进而排挤掉“不可通约”的原有范式。当然，一个新范式的确立并不是一蹴而就的，需要赢得大部分科学家的“选票”。按照库恩对“范式”的内涵和“科学革命”的理解，笔者认为，我国正在进行一场由创新教育推动的教育范式的深刻转型。创新教育不仅是教育方法的改革或教育内容的增减，也是教育功能上的重新定位，是带有全面性、结构性的教育革新和教育发展的价值追求。创新教育是一种面向未来的，以促进学生发展、培养创新人才为根本价值追求的新的教育范式。无疑，从“接受教育”走向“创新教育”，是我国教育范式的转型，是对传统教育与现代教育的超越。

一、教育价值观的转型

人类教育有两种基本功能：继承性功能与发展性功能。继承人类优秀的文化遗产，把人类的知识和经验传授给下一代，是教育的基础性功能。没有教育的这一功能，人类就不能实现自身的再生产。长期以来，我们始终把教育看作是“教书育人”的事业，把教学看作是“特殊的认识过程”。“教书”和“认识”都是建立在教育的继承性功能上的。可以说，“接受教育”是一种以知识的接受和继承为主的教育。但是，教育的功能除了继承外，还有发展、创新。斯宾塞曾指出，教育是为未来生活做准备的。要准备未来的生活，适应社会的发展，就需要在原有经验的基础上有所创新、有所发展。杜威也曾指出：“教育就是经验的改造。”这里的“经验”并不能简单地认为是主观唯心主义的先验的东西，而是人类历代知识的结晶。人类就是通过对原有经验的改造而不断地实现创新和发展的。杨振宁也认为：“念书不应是学习的目的，而应是创出新知识新体系的一种手段。”因此，创新教育认为，继承是学生发展的基础，通过继承促进学生的发展才是教育的根本目的。从这一意义上讲，创新教育是以培养创新型人才为基本价值取向的教育。在这里，创新教育的教育价值观正从以“接受继承”为主转向以“发展创新”为主。

二、教育观念的转型

“教师中心”“学科中心”“课堂中心”是传统的“接受教育”赖以存在

和发展的基础，要推动由“接受教育”向“创新教育”的转型，建立创新人才大量涌现的一流教育模式，就必须挣脱传统的“三中心”教育思想的羁绊，彻底向传统的“三中心”教育思想告别，以实现教育思想的重建。为此，创新教育正在从以下三个层面推动教育思想的转型。其一，在教育主体观上，从“教师中心”走向“学生为本”。教师和学生都是教育的主体，但教师主体是为学生主体服务的，正确处理教师与学生的关系，必须确立以学生为本的教育主体观。其二，在教育质量观上，从“知识中心”走向“能力为本”。我国正在从“知识社会”进入“能力社会”，在中小学教育培养目标上，必须正确处理知识与能力的关系，确立以能力为本的教育质量观。其三，在学生发展观上，从“课堂中心”（实质是教师“讲授中心”）走向“活动建构”。要真正确立学生在教育教学中的主体地位，就必须正确处理教师的课堂讲授与学生活动建构的关系，确立以活动建构为本的学生发展观。

三、培养目标的转型

创新教育是未来教育，我们应该深入理解创新教育的内涵，掌握实现创新教育的具体措施，加强创新人才的培养；创新教育是全人教育，要培养知识与能力、科学与人文、道德与智慧相统一的个性和谐发展的人；创新教育是综合教育，必须从整体上把握和认识创新素质；创新教育是生命教育，必须从关注认知到关注情感，从关注知识到关注生命。基于对创新教育培养目标的上述认识，可以简单地从以下方面进行阐述。

其一，立足于当代科学技术的革命，提出了新“基础观”。任何人都不可能掌握人类社会的所有知识。在这种情况下，知识不是学得越多越好，“经典”应该成为“双基”（基础知识、基础技能）教学的核心内容；知识掌握不能妨碍学生其他方面的正常发展，不能因为过分重视“双基”而削弱对学生创新精神和实践能力的培养；要把培养学生的学科兴趣、学习方法、学习习惯作为新基础观的重要内容，要培养学生可持续学习与发展的兴趣和能力；掌握知识不是教育的最终目的，教育的最终目的是通过知识教育来培养学生的能力、健全学生的人格。

其二，立足于持续性发展，提出了新“文明人观”。要正确处理人与自然的关系，树立人与自然和谐相处的观念；正确处理人与人的关系，树立人与人“和为贵”的观念；正确处理人与自我的关系，树立节制自我欲望的消费观。

其三，立足于建立诚信社会，提出了新“德育观”。主张回到基础，重建中小学的基础性道德教育目标，把人类的基础性道德品质的养成（如诚实、爱心、良心、自信、责任、习惯等）作为道德教育的核心内容。

其四，立足于能力社会的即将到来，提出了新“能力观”。我们主张从“认知的能力观”转向“实践的能力观”。未来社会，人们的生存与发展必须具备三种基本能力：学习能力、情感能力、创新能力。这是创新教育所要重点培养的学生必须具备的“三种基本能力”。

其五，立足于国际化社会的到来，提出了新“素质观”。创新教育必须高度重视学生将来参与国际竞争所必须具备的基本素养，即多元文化价值观、全球思维、信息素养、人文素养。

四、课程结构的转型

教师与学生进行教育教学活动中，教育者对受教育者施加教育影响的中介因素是课程。调查显示，课程管理制度与教育的质量有着极大的关联。教育制度直接影响着教育质量。创新教育课程建设的根本任务是为学生创新素质的健康发展搭建教育平台。基于上述认识，创新教育课程相对于接受教育而言正在实现以下五个转型。

其一，从国家课程到学校课程。从课程的来源方面看，过去开设什么课程都是由国家规定和提供的，可以理解为受教育者学习到的课程是受政治条件制约的；而今创新教育强调学校在国家规定的课程的合理范围内，要注意树立学校课程意识。一方面，学校要加强对国家课程资源的开发；另一方面，应尽量开发和提供更多课程，即学校课程。这是从国家的一体化课程向国家与学校课程相互融合的变革。

其二，从必修课程到选修课程。从课程的设置方式看，过去开设的都是国家规定必修课程，现在创新教育则提倡给学生开设更多的选修课程，倡导教师人人都能开发选修课程，实现了从单一的必修课程到必修课与选修课之间的相互结合。

其三，理论知识的掌握与理论知识的实际运用。从课程呈现的知识形态看，过去开设的课程都是以教材为载体、以学科知识为表现形式的知识性课程，与学生的日常生活差距较大，不利于学生劳动技能的掌握及创新与实践能力的发展。创新教育既强调为了实现学科知识向实践能力的转化，要为学生开设学科实践活动课程，又强调办好综合实践活动课程，实现了知识课程与实践课程的统一。这就要求教师要树立学科性知识与实践性知识相统一的课程整合观，树立学科课程与学科活动课程一体化的开放的大学科课程观。

其四，从教师课程到学生课程。从校本课程的开发主体看，过去开设的校本课程，一般都是由教师根据自己的知识背景和学术兴趣开发的。创新教育一直强调学生也是校本课程的开发者，学生可以根据自己的兴趣和个性特长，开发自主发展所需要的课程。在这里，一方面学校要给予学生自主选择和自主开发课程的权利，另一方面教师仍负有重要的指导责任。

其五，从预设课程到生成课程。从课程功能的呈现形式看，过去开设的课程都是预先规定好了的，教师和学生没有“越雷池一步”的权利。创新教育则主张课程功能的实现需要师生的共同开发。此时的课程资源就实现了静与动的相互转变，为实现从预设课程变为实际的生成课程打下了坚实的基础。

五、课堂教学的转型

课堂教学历来被认为是学校教育教学活动的主渠道。但是，如何认识“课堂教学”的性质和功能，“接受教育”和“创新教育”有着质的不同。从“接受教育”转型为“创新教育”，在课堂教学方面，有以下几点转变。

第一，课堂教学空间从封闭走向开放。从教学的目标方向上说，“创新教育”必须注重基础知识与基本能力的培养，从而超越知识本身，引发学生深入思考，培养拥有个性特点的能力发挥。学校要善于运用多种教学资源，进行教学资源的整合，树立教学资源的综合发展观念。对于学科的认识，要以学科的掌握为根本，吃透课本，发挥创造思维，对课本上的内容加以思考，从而实现超越课本的能力。在教学的时间与空间上，要以课堂教学为根本，努力超越课程本身带来的知识与方法，树立既要在课堂上有所学，又要在课下有所学的观念。

第二，课堂上的教学方式也有所转变。例如，从以教师为中心的主观灌输转变为以学生为主体的民主型教学模式。创新精神具有科学性，同时具有民主性。因此，培养学生的创新精神和实践能力刻不容缓，一定要挣脱传统旧“三中心”的模式，以中华民族的文化积淀为基础进行创新，营造一种鼓励学生进行批判性、创造性思维的课堂文化，培养学生善于挑战的精神和民主意识。为此，创新教育提出了“三个挑战”与“四个开放”。“三个挑战”指课堂教育教学过程中鼓励学生向教师挑战、鼓励学生向课本挑战、鼓励学生向权威知识挑战，“四个开放”是学生心理的开放、教学内容的开放、思维空间的开放、教学结果的开放。

第三，课堂教学的本质是从传授知识走向“智慧复演”。我们把提升学生智慧水平看作课堂教学的根本任务，为了改革传统教育知识授受的教学过程，提出了“智慧复演”观点，认为将人类社会的智慧传递给受教育者的整个过程，就是智慧复演。

第四，课堂教育教学形式转变为“活动建构”。创新教育以人文主义与建构主义的教育教学观点为基础，提出了新的教学观念，即活动建构教学论。活动建构教学观念主要是指因材施教、知识建构、多维参与、活动合作、知识生成五个方面。

第五，课堂教学策略从统一化走向个性化。要培养创新人才必须打破过去课堂教学“齐步走”“一刀切”的教学方法，严格遵循学生的身心发展规律，为学生提供良好的生活与学习环境。所以，创新教育强调“个性化教学策略”的有效开展，为受教育者制定个性化课程、个性化教学与个性化作业。

六、教育转型之评价与管理

“接受教育”评价管理是为学生更多更好地掌握知识和提高升学率服务的，而“创新教育”评价管理则是为培养创新人才服务的。评价管理价值观的转变，带来了评价管理理论与实践的转型。

“创新教育”评价管理的理论基础是，人的发展就其智慧类型而言，是各具特色、丰富多彩的，教育者没有权力去干预学生智慧和才能发展的方向。“创新教育”评价管理相对于“接受教育”正在发生一系列深刻的变动。

第一，当代评价管理理论已经与传统理论大相径庭，传统理论已经跟不上时代的步伐，必须运用现代观念来适应社会发展。一是我国各地中小学校大多没有认识到服务的重要性，盲目地认为只要注重管理就可以了。二是控制学生与解放发展之间的转变。如今的学校教育中，如何为学生的发展提供一个自由的教育环境呢？我们认为，最根本的就是要学会解放发展。不仅要解放学校，还要解放教师，更要解放学生，让学校、教师和学生都可以得到更加自由的发展空间。三是学校工作对于教师的培养。学校教育是各级各类教师自由发展与发挥的平台，更是可以学到更多知识的平台。这就要求学校领导者及各级各类教师要有深刻的觉悟。四是勤奋与效率之间的转变。对于勤奋者给予表扬，而对于具有较高效率的人不闻不问，甚至对于教学数量的称赞而忽视了收益的多少，是我国传统教育教学过程评价中的漏洞。创新教育强调一定要完成勤奋优先与效率为上的完美转换。

第二，评价管理的教育理念是一种创新理念，远远不同于以往的单一评价模式，多元化的评价模式已经深入人心。接受教育评价和管理的弊端集中表现在用“一把尺子”来评价管理所有学生，而素质教育是促进学生个性发展的教育，在创新教育的过程中要注意学生个性与发展潜能之间的差异，不能用同一把尺子进行统一化的测量，如利用学业成绩的好坏去评判受教育者能力的高低。如果要实现创新教育为中国乃至世界培养大量的创新型人才，就要对当前统一化的教学模式进行转变，建立多元化的评价与管理模式，为受教育者提供民主和谐、向上友善、发展个性的学习环境。创新教育强调学校要树立“品牌意识”，重视文化传统和学校精神建设，加强人力资源开发，特别是队伍建设，提升学校的知识化、信息化水平，建立开放、公平、公正的促进师生自主发展与管理的有效机制，建立由专家参与的“教学—科研共同体”，积极推进教育教学制度创新。

第三，从方式看，评价管理正从传统走向现代。学校评价管理方式正从科学管理走向人本化管理，从人治管理走向法治化管理，从计划管理走向市场化管理，从行政管理走向社会化管理等。

七、教育转型中的教师职业方面

让·托马斯（Jean Thomas）曾经指出：“革新的成败最终取决于全体教师的态度。”古老的教师职业观认为，教师是知识的传承和选择者，并不认为教师是知识的创新者，并且认为教师职业只是一门职业技术，并不认为这是一种艺术。

在当代社会生活中，现代人民教师所具备的职业特性之一就是要具有创新精神和实践能力，这种特性与受教育者有着极大的关系。学生的特点和未来学校所培养的人才必须具有创新素质。如果教育者没有创新精神与创新意识，那么，对于受教育者而言又何谈创新呢？如果教育者具备了创新能力，并且有意识地教授给学生，那么，受教育者就会善于发现生活中的创新性行为，突破传统教育的枷锁，在原有的知识基础上建立创新与实践能力。正是基于上述认识，在接受教育与创新教育的转型期间，可以从三点来具体说明教师的职业定位。

首先，教师要做中华传统文化的传承者，同时要做基于传统文化进行创新的引导者。因此，教师的职业特点具有复杂性，其中最重要的就是教师职业的传承性与创新性要求教师多角色的完美转换，传承中华民族的传统文化，培育具有创新精神的人才。其次，消费与构建的转换。教育者在教育教学活动中必须注入的元素即研究，教育者不仅要熟练地掌握教学的方式方法，还要对学生的身心发展特点与教育教学规律等做深入研究。最后，奉献与发展的转换。教育者在中国传统观念中被比作春蚕与蜡烛，一提到教师，人们联想到的关键词就是奉献。但是，在当今社会，教师与学生之间是一种相互合作与构建的关系。教育者与受教育者相互合作，缺一不可。所以，教师职业必须从传统的只是奉献的束缚中走出来，应该与学生共同发展。

综上所述，教师职业正在从传统的一成不变向多样化转变，正在进行着巨大的变革。传统的教育注重教育对于人类历史与文化知识的继承，而现代教育更注重的是在原有基础上的发展与创新；传统的教育认为一套教育理论可以应万变，而当今的中国教育则要求教师的发展创造；传统教育观注重奉献，如今注重师生共同发展。在经历了历史的变革和一系列的变化后，教师职业已经在不知不觉中发生了质的变化，教师从原有的传递者变为创造者。

王国维曾摘取晏殊、柳永、辛弃疾三位大词人的“昨夜西风凋碧树，独上高楼，望尽天涯路”“衣带渐宽终不悔，为伊消得人憔悴”“众里寻他千百度，蓦然回首，那人却在灯火阑珊处”三句话来比喻古今成就大事业、大学问的三种境界。在历史长河中，有很多专家鞠躬尽瘁、死而后已，但是直到今天为止，人们只可能不断靠近这一崇高境界，而永远不可能穷尽这一探索进程。实现我国教育的根本转型是一项艰巨的历史任务，并不是一朝一夕能完成的。我国创新教育工作者要为推动这一进程助力。

第二章　商务英语学科建设

商务英语专业的开设，解决了长期以来英语专业教育人才培养模式单一的现状，用“百花齐放”来形容目前国内商务英语专业学科建设的现状一点儿不为过。但我国商务英语专业建设有明显的同质化现象，各高校的自身特色没有得到体现，也无法满足我国日益发展的多元化、高端化国际商务的社会需求，尤其是对复合型外语人才的需求。管理学观点认为，商务英语专业的学科建设应该重视商务策略、交际策略和跨文化策略的学习。语言学观点则认为，商务英语专业在课程设置中不仅要关注语言基本技能的学习和实践，还要注重学科交叉的特点。具体做法是，在低年级阶段制，订培养计划时侧重于英语语言基本技能的学习和训练，以夯实英语基础为主，到了高年级阶段，则迅速进入商务英语专业学生就业所必备的海外投资、法律法规、财务政策、贸易实务、资产管理、运营管理、市场营销、文化融合等专业知识的学习过程，最终将学生培养成具备一定商务知识的应用型和复合型人才。实践证明，这是符合规律的学科定位，也是目前比较科学化的学科建设模式。但是，一部分高校的外国语学院在确立商务英语专业学科定位时，没有充分考虑到该学科的特点，只是一味地注重商务知识的灌输，忽视了培养学生的英语语言基本能力，导致商务英语专业毕业生无法满足市场对英语语言表达能力的要求。事实上，商务英语专业是英语专业的一个分支，它既不能完全归属于应用语言学范畴，也不是专门用途英语。关于商务英语专业的学科归属，有学者指出：“上述观点强调了商务外语（英语）学科的研究对象，其结论是商务英语属于语言学的分支学科。”商务英语专业的学科建设在这种定论之下的基本方向便更加清晰明了。

发展至今，商务英语专业学科建设的相关研究不断，争议也是经常见诸报刊和学术研究领域的。但学科定位和归属已逐渐明晰，商务英语是结合国际商务、国际贸易、世界经济等学科的综合性新兴学科。因此，在人才培养目标上，商务英语专业与传统英语专业必然有着较大不同。商务英语专业是专用外语人才培养的新模式和新途径，重在培养精通英语和商务知识的国际化复合型外语人才，这部分人才主要从事跨国贸易、管理等领域的商务谈判、商务写作和翻译等工作。

此外，在学科建设的具体实施环节同样呈现出“百家争鸣”的格局。这些都充分表明，商务英语专业的学科建设模式需要不断改革和创新，才能真正做到专业建设与经济发展需求的与时俱进。

第一节　商务英语的学科内涵

一、学科的概念

学科是知识领域的分类。现代学科指需要予以学习和应用的知识，是针对知识学习的行为规范体系。自然科学、社会科学和人文科学是对学科进行分类的三大范畴。我国共有 12 个学科门类，包括理学、经济学、文学、医学、法学、教育学、哲学、工学、农学、历史学、军事学和管理学。这些学科门类之下又分为 88 个一级学科和 382 个二级学科。

学科之间是有边界的。这是由于每个学科都是对客观世界和主观世界的某个特定范围的现象进行的研究。同时，存在着学科之间相互交叉的基础。客观世界和主观世界的事物是普遍联系的。作为对这种普遍联系的反映，知识之间自然也存在联系，反映在学科之间就是交叉。学科交叉是“学科际”或“跨学科”研究活动，其结果导致的知识体系构成了交叉科学。学科交叉是学术思想的交融，是交叉思维方式的综合、系统辩证思维的体现。自然科学和社会科学之间可以有交叉，如计量经济学就是自然科学中数学和社会科学中经济学之间的交叉学科。社会科学和人文科学之间可以交叉，如语言经济学就是社会科学中经济学与人文科学中语言学之间的交叉学科，法律语言学是社会科学中法学和人文科学中语言学交叉的产物。自然科学和人文科学之间也有交叉，如语言统计学是自然科学中数学和人文科学中语言学之间的交叉学科。交叉学科的研究大大拓展了其上游学科的研究范围，提出了新的研究问题，对原来的现象提出了新的观察视角，加深了人们的认识，有力地推动了知识和理论创新。

交叉学科是学科发展的必然结果，往往是某一学科的成员主动突破本学科的既定范围，研究本学科以外的现象。学科之间交叉的部分是有关学科的共有范围，构成交叉学科的研究领域。

每门学科都有自己的理论研究和实践。理论研究是对学科领域中的现象进行的系统认识；实践是学科领域中的各种实际活动。以语言学为例，对语言现象和使用规律进行描写、抽象、归纳是语言学理论研究，听、说、读、写是语言的使用，属于语言实践。因此，交叉学科应该涉及其上游学科的理论和实践的内容，交叉学科的研究对象就是上游学科相互交叉、渗透的方式和结果。

交叉学科产生的过程决定了其研究对象是其学科成员根据研究的需要构建

并逐步发展完善起来的。后结构主义话语理论为我们认识交叉学科的研究对象提供了思路。可以将每个学科视为一个机构，涉及机构成员和其具体活动、态度和价值观、成为机构成员的方式和途径、语言的特定使用等。每个领域拥有一套自己的话语类型系统，机构成员使用这些话语类型进行交往和行为。话语不仅是领域里语言的使用，它还是复制、塑形、维持甚至颠覆该机构的工具。因此，可以通过话语研究来揭示领域，也就是学科的内容。

学科之间的交叉学科如何通过话语来研究？互文性和话语杂糅性这两个概念对研究交叉学科非常有用。由于学科是由一套话语类型来反映的，那么，学科交叉可以反映在话语类型的挪用导致的互文性和互为话语性中。比如，用现代商务中仲裁和法庭判决来解释互为话语性的含义，仲裁员和法官是两种不同的专业人士，仲裁和法庭判决属于两种不同的社会行为或专业实践。但是，在实际的商务领域中，律师或法官常常被聘请为仲裁员，仲裁活动挪用了法庭判决的话语类型或专业实践，这样的结果使仲裁和法庭判决之间的界限变得模糊。

交叉学科的学科归属取决于提出这个交叉学科的上游学科。以语言经济学为例，它被认为属于理论经济学的范畴。这是因为语言经济学最初是由经济学家提出来的，把语言作为经济活动中的一个变量，研究它的成本、效益、价值和效用。而语言统计学则是语言学范畴之内的一个学科，其目的是运用统计学的方法对语言使用体现出的特征进行量化分析。

二、商务英语学科的内涵

经过多年的努力，国家终于将商务英语作为大学的一个必修专业学科，并将商务英语定义为一个交叉学科。商务英语学科是一个“后发外生型”学科，是社会科学与人文科学所属的不同学科在本体知识和综合技能两个层面上交叉、整合、融合而成的一门“学科间交叉学科”。

商务英语学科的学科归属或定位、研究范围、研究对象和研究方法是目前商务英语学科建设中的一个理论问题，也是一个实践中要求明确回答的问题。

（一）商务英语学科的定位

商务英语学科属于哪个现有的学科之下？英语语言文学或商务学科（经济学、管理学和商法内部交叉形成的学科内交叉学科），还是其他？

商务英语要发展，其学科的定位必须清晰明了。虽然商务英语学科的定位在其相应领域内无明确的定义，但已经形成一定的共识：第一，商务英语是一门融合了英语、经济、法律、管理、金融、贸易、营销等多种学科基础内容的综合性、交叉性、跨越性新兴学科。其主要培养具有专业英语基础知识，能够用英语直接参与各种国际性质的商务活动、交易等综合型和应用型人才，这种人才具有商务管理、交易能力，而不仅仅是作为间接翻译的服务型人才。第二，商务英语归属于语言学科门下，是一种 ESP 的类型，即专门用途英语的分支。目前存在的问题主要集中在商务专业知识与英语语言应用能力之间的侧重关系及这种关系所导致的课程系统构建和设置问题上。综合上述两个观点，我们需要弄清楚商务英语学科定位的三个基点：首先，商务英语有别于普通英语，它是一门涉及范围较广，结合英语专业、商务领域、经济领域等多方面知识的综合体，是普通英语专业所不能涉及的广泛领域。商务英语更多的时候体现的是知识性，将这些领域的知识体系、理论体系渗透结合形成新的理论体系，而商务英语即作为体系载体。其次，由于商务英语隶属于应用语言学，故其仍然受语言学理论体系的约束，具备语言学的学科特征，能够反映出语言学的本质。

最后，商务英语教学是商务英语研究的主要对象，其中包括“教”与“学”两个主要部分。所以，在研究如何教授商务英语的同时，另一个主要工作是研究学习者学习商务英语的目的和动机。

商务英语是其上游学科英语学科和商务学科交叉而成的，原因是英语学科学员将英语应用于商务活动和交流中，旨在研究商务英语复合型人才的培养。虽然商务英语综合商务学科和英语学科建立的，但单纯地从商务学科角度研究商务英语的内容也有很多重要部分，如英语的经济学研究，所以商务英语学科的研究重点不像经济学那样是研究商务领域的规律，而是研究英语在商务活动和范畴内的作用。从根本上分析，商务英语应归属于英语学科之下。它是英语学科之下一个重要的交叉型应用学科。

综上所述，商务英语是一门综合性、交叉学科，是以英语在商务环境中的应用为媒介，涉及经济、商务、管理等多学科内容的一门新兴学科，同时是英语语言与国际商务的完美融合及学科之间相互结合的新学科。

（二）商务英语学科的研究范围和研究对象

商务英语的研究范围是英语和商务交叉形成的领域。商务领域是人类生存和发展的世界的一个重要的组成部分。对这个世界的认识有两个方面。一是对它运行规律的研究，包括对这个世界的现象的研究和对参与或主导这个世界运行的人作为个体和团体的规范、行为、认知、认知结果的表达等方面的研究。这是对商务领域的理论研究。二是这个世界的各种具体实践活动。这两个方面构成了商务学科的本体。

同样，英语学科也有自己的理论研究和实践及以英语等语言为载体的文学的研究，同时包括对语言、文学存在于其中的英语文化的研究。当然，这个学科也包括英语实践。这两个方面构成了英语学科的本体。

英语学科和商务学科交叉进而形成了商务英语学科，该学科包括理论研究和实践两个方面。商务英语的理论研究涉及英语在商务中的价值、效用、投入成本和预期收益这些语言经济学的内容，还涉及对商务领域的思维、认知、表达、行为方面规律性的研究。商务英语学科的实践包括英语听、说、读、写这些语言使用活动及与语言使用共生的商务活动。商务英语还是商务实践、文化的统一体，受商务实践和文化的塑造，反映、维持甚至影响商务实践和文化的存在方式和状态。可见，商务英语学科的研究对象体现了英语学科和商务学科的理论、实践和文化的渗透与交融，尽管我们对这种渗透和交融的方式、内容仍然需要进行系统、深入、细致地描述。

（三）商务英语学科研究方法

学科的性质决定了学科的研究方法。作为一个交叉学科，商务英语的研究方法可以从两个上游学科中发展而来。商务学科的理论研究方法丰富了语言学科的研究方法库。比如，利用经济学的理论，对英语的价值、效用、成本、收益进行分析，为英语学科被赋予研究语言政策和规划任务提供支持。这是定量分析可以在商务英语研究中使用的一个领域。

英语学科研究语言使用的理论也适用于对商务语言的研究。只是我们在研究过程中不能把语言和伴随它的活动分开来进行孤立研究。因为这样的研究只是对词汇语法选择的表层描写，难以认识和揭示商务语言的本质和语用规律。语言研究不能局限于表层语言特征的描写和解释上，还要结合专业实践、机构和学科文化来研究话语类型的挪用、关联。这样，语言研究才能真正揭示实践社区的真实面貌。

三、商务英语学科建设路径

（一）商务英语学科建设的必要性

商务英语学科的建设必须贯穿于整个大学建设和发展的全过程，这一点教师与学科研究者必须明确，优质大学建设离不开学科的建设，同时优秀人才培养应以学科建设为基础。商务英语主旨在于培养高素质、高能力、综合型商务人才，高校应致力于商务英语学科建设，促进商务英语专业的不断发展与进步，奠定学科建设的理论基础。

目前，商务英语教学存在的诸多问题中较为重要的一个是学校培养的商务英语专业人才不能达到社会实际需求的高水平商务专业人才标准要求，还不能完全胜任国际商务活动，活动中出现的很多问题还都无法全部解决。除上述问题以外，对商务英语理论和应用的研究需要进一步深化，商务英语所研究的内容也需要有明确的规范和认识。因此，目前商务英语迫切需要解决的问题是理论上的认识问题，只有很好地解决这个问题，商务英语的学科建设才能发展，对商务英语必须有明确的定位，才能使商务英语学科建设发展，提升商务英语建设高度。

（二）学科建设创新模式的实施方案

商务英语是基于语言学习基础上的学科交叉性强的专业，我们没有成熟的建设经验可以借鉴，也没有完善的学科建设模式作为参考，所以不断探索和学习是我们进行学科建设的唯一思路。通过对国内学者发表的商务英语学科建设方面的论文进行归纳，我们发现国内不同院校商务英语专业学科建设模式的实施大致有以下几种情况：第一，以 ESP 理论视角构建商务英语学科是某些高校的主流设计方向；第二，有些高校把 ESP 和 EGP（专门用途英语和一般用途英语）

结合起来进行商务英语专业的学科建设布局；第三，有的则从学科建设的一个方面出发进行探索，如人才培养模式的创新及侧重于教师的专业化发展等。可以看出，上述几种情况或多或少都是偏重某个层面，而忽视了其他方面的发展需求。有的重视理论探索而忽视了实践的必要性；有的则略显片面，没有整体性考虑。由于国内目前商务英语专业学科建设存在不同模式的困境和不足，笔者提出以下创新模式的改革方案。

1. 修订完善现有的专业人才培养方案

因地制宜制定了符合本地区经济发展需求的人才培养模式。注重英语与商务的有机交叉，培养学生掌握国际金融、国际贸易、市场营销、商务谈判和沟通等学科的基本理论和基础知识。有些院校提出了以市场需求为导向的人才培养模式，还有部分院校提出了以语言文学为基础、商务技能为特色的专业，建设好人才培养模式。例如：首先，适当调整某些与商务英语专业学科建设关系不太紧密的课程，增加部分有利于当下商务英语专业建设所需的课程（国际贸易实务、经济法导论、国际商法等），扩大专业学生的知识面，增加专业学生知识的厚度和宽度，提高学生未来就业市场的竞争力。其次，适当减少商务英语专业课程中部分理论课的授课时数，增加实训和实践部分的课时。对于国际贸易实务、国际贸易单证、商务英语谈判等操作性强的课程，修订后这些课程理论学习课时得到适当的压缩，商务英语专业的学生在学院实训室利用 3D 仿真软件进行人机练习的课时适度增加。最主要的是学生不再只是在课堂上聆听枯燥的理论讲解，取而代之的是充满现实感的实际运用和实务操作。

2. 改革拓展现有的专业课程体系

原有的商务英语专业的课程体系已经不能适应当前社会经济发展对人才需

求的形势，改革和拓展后的商务英语专业的课程体系以注重培养学生的创新精神、创业意识与创新创业能力为导向，改进电子商务等实操特点强的相关课程的教学模式，实行大学一二年级开设英语专业基础课程，三年级重点开设商务英语骨干课程，并开设创新创业需求的基础和骨干课程、选修课程及实训课程，满足学生对各种专业知识的需求。

具体来说，基础英语、高级英语、英语语音、英语语法、英语听力、英语口语、英语国家概况等课时依据学生的实际水平可以适度减少课时分配。对于商务英语专业性比较强的课程，如剑桥商务英语、商务英语口译、商务英语阅读、商务英语谈判、商务英语写作、国际贸易实务英语、国际商法导论、商务英语翻译、国际贸易单证、经济法导论等课程，适度增加学时，改善学生面对新形势下商务英语专业知识体系不足的状况。商务英语谈判、国际贸易实务英语、国际商法导论、国际贸易单证、经济法导论等课程其实都是最终服务省内外跨境电商工作的需要。针对当下社会经济发展中跨境电子商务业务量逐年增大的市场需求，电子商务课程体系的完整建构尤为重要。课程改革拟以专业选修课的模式建设电子商务专业所需的运营、营销、设计、客服、物流五大工作岗位所需职业能力设计专业主干课程体系。开设网络营销与项目策划、网站运营与信息决策、商务沟通、客户关系管理（CRM）、网站设计、摄影技术、电子商务物流与仓储、企业管理系统实务等主干业务课程，同时开设运营管理专项实训、客服管理专项实训、网站管理专项实训、电商物流专项实训四大模拟业务实训课程，弥补原有课程体系的不足。另外，电子商务的部分实践课程尝试采用“课程外包”的方式，具体以邀请外贸公司或外向型企业中业务导师或业界名师开讲座的形式，实现电子商务与外向型企业人才需求的直接对接。

3. 商务英语专业教师的合理配置

传统意义上的英语教师是通用英语领域的教师，是大而全的、多功能化的。商务英语专业教师需要具有学科前沿性知识储备和必备的专业技能。由此，教师可以细分为语言类教师、商务类教师和实践类教师三种。从长远发展来看，每位商务英语专业的教师都应立志于成为本领域的专家，完成从 GE（通用英语领域）教师到 BE（商务英语领域商科和语言类）教师的转型。“专家型”的教学需要专业化的师资队伍，师资转型的定位需要朝着职业化方向发展。目前主要存在以下问题。首先，语言类教师的英语运用能力强，但商科知识贫乏和薄弱，经管学科的认可度不高。其次，国内“科班”出身的商务类教师虽然具备扎实的商科基础理论，但用英语授课和交流的能力有限。再次，“海归”商务类教师的转型问题也很突出。他们了解国外商务前沿，英语口语的表达流利，但是缺乏对本土情况的认识。最后，从企业转行到高校的商务类教师虽具有丰富的商科知识与实战经验，但缺乏恰当的教学方法和教学手段。

4. 学习评价模式的创新改革

商务英语专业学科建设的创新模式研究项目拟采用定量评价和定性评价，定量研究是一种基于量化数据或数值型数据的研究，定量研究需要运用数理统计方法处理等特征。定量研究具有系统性、逻辑性、可及性、可重复性、简约性等方面的特征。这说明在商务英语专业学科建设的创新模式研究项目实施过程中要注意数据的采集和分析，并做出合理的解析，才能得出恰当的结论。

此外，项目采用个人评价与小组评价、形成性评价与终结性评价、自我评价与他人评价、业界导师与任课教师评价相结合的模式，针对项目的建设和实施开展多维度、多元化评价体系，确保项目建设的方向性和有效性。项目实施主要根据评价中一致性的建构情况。一致性建构对教师有明确的要求，他们必须参与到能够影响学生学习效果的活动中。这一原则要求教学、评价、课程及学习策略具备高度一致性，彼此之间相互制约、相互支持共同达成目标。

5. 教育资源模式的创新利用和发展

积极拓展商务英语专业课程所必需的外围教育资源，如加大专业教材的编写力度，通过高等教育出版社出版一部适合商务英语专业部分课程需要的教材，满足专业课程建设的需要的同时，扩大学院科学办学的影响力。

四、商务语言学——商务英语学科的归宿

对于商务英语学科，目前还是从商务学科和英语学科的交叉学科这个角度来认识较多。随着对商务英语研究的深入和系统，我们可以设想它最终会发展成为一门具有相对自主性的学科，即商务语言学。

黎运汉曾提出，商务语言学是“研究商业主体如何运用商务语言进行交际以实现商业目的的科学”。它是一门交叉学科，研究“商务语用现象，揭示商务语用规律，阐明运用商务语用规律的原则，指导商务语用实践”。

这项研究从语言学科的角度来审视商务语言，提出了语言在商务领域和活动中的使用是有特点的和规律性的观点；还讨论了商务语言的心理机制、文化积淀、语用原则、体态语言、礼貌和禁忌、商务活动中语言的使用、商务人士的语言使用及几种商务文体。从中我们已经能够看出一些商务语言学的轮廓。

这项研究对商务语言学的研究也有局限。商务语言学作为商务学科和语言学科的交叉，可以从两个学科的视角来观察和研究交叉的领域。除了语言的使用外，与之共生的商务行为也属于商务语言学研究的范围。另外，商务语言学

还应该包括这个交叉学科的人才培养研究。

结合前面的分析，我们认为，体现商务英语学科研究对象的商务语言学内容包括：商务话语研究、商务行为研究及人才培养研究。

（一）商务话语研究

语言和商务的关系密切。首先，商务话语构建了商务领域，商务领域反过来选择了商务语言来作为自己的表达和行为工具。其次，商务领域是客观存在的。但人们对它的认识是通过语言使用开展的，也就是商务领域有一套自己的谈话方式和谈论的内容。

商务话语的研究涉及词汇、句法、语义、语篇层面的语用特征及互文性、话语杂糅性等方面的内容。

（二）商务行为研究

商务领域是一个机构化的领域。机构话语给参与人建立或预设各种角色，定位参与人的合法行为和言语及行为方式，限制某些参与人或授权某些参与人获得某些方式、内容。尽管有人的主观能动性很强，但机构目标、任务限制了主观能动性的发挥，使人只能听从机构话语中的权势。当然，权势、身份、规范等这些东西是通过在交际中或话语互动中实现的，不是完全的死规定。

商务活动中语言和行为是共生的。商务语言学对商务行为本身的研究是应有之文，同时是研究语言使用的一个参照系。

（三）人才培养研究

商务语言不是自然而生的。我们讨论英语在商务领域和活动中的使用时多次强调，商务英语需要经过专门的学习才能掌握。商务领域是一个社会机构，具有自己的思维方式、行为惯例和机构话语。这正是专业人才要学习的，否则就不能进入这个世界并成为这个世界中的一个正式的、合格的成员。商务英语教学因此产生，也因此而存在和发展。

第二节　商务英语的研究对象、研究内容与研究方法

一、商务英语的研究对象

语言学研究语言的一般规律，而商务英语不仅研究语言的一般规律在国际商务活动中的体现，还侧重研究国际商务活动中英语使用的变体及其规律。作为一门学科，商务英语的研究可以大致分为理论性研究和应用性研究两大类。理论性研究主要针对商务英语学科的基本理论问题探讨，比如，商务英语的学科内涵、基本原则、研究方法，商务英语与语言学、经济学、管理学、社会学、教育学等其他学科之间的关系问题等；应用性研究主要指商务英语基本理论在商务英语教学、翻译等具体实践中的运用。而就其具体研究领域而言，则主要包括：第一，商务英语语体研究。主要运用语言学理论研究商务英语的语义、语用、语篇、修辞等方面的特殊性及其变化规律。第二，商务英语话语研究。主要运用语用学、跨文化交际及话语分析等理论研究商务谈判话语机制及其言语行为变化。第三，商务英语翻译研究。主要运用语言学理论研究各类商务文本翻译的特殊性及其规律。第四，商务英语教学研究。运用语言学、语言经济学、教育学等理论研究商务英语教学的人才培养模式、教学理念、课程设置、教学大纲、教学内容、教学方法、教学评价、教材编写、师资建设等方面的内容。第五，跨学科研究。主要研究语言学与经济学、管理学、社会学、教育学、文

化学等相关学科之间的关系及因交叉、结合而产生的一些跨学科性问题，比如，商务英语的经济学研究、经济学中的语言问题研究、国际商务文化研究，等等。

明确研究对象和研究范围不仅关系到商务英语的研究特色和活力，而且也关系到商务英语教师的学术走向，尤其对一些具有商科背景的商务英语教师而言，则显得更为重要。商务英语的学科归属实际上明确了商务英语的主要研究内容和范围，因此，商务英语研究不应无限制地涉及其他学科，如果过多地掺杂经济学、管理学等其他学科的知识体系，不仅会使商务英语学科知识体系变得混乱，而且也不利于商务英语教师的学术发展。

二、商务英语的研究内容

一般而言，商务英语的研究内容除了受学习者的学习目的和方式的影响外，更取决于课程设计者和学习者对语言的性质、内涵、使用目的和途径的认识。有学者通过对商务英语多年的实践和研究，将商务英语研究分为不同的范畴：第一，狭义定义：与商业直接有关的英语，有利于分析商务英语的特征，制订有关的培养计划，选择和编写教材；第二，一般定义：一切与商业相关的领域（经济、管理、法律等）的英语；第三，广义定义：凡是一切超越了私人关系的英语都是商务英语。除了经济、管理、法律，其他领域（如政治、外交、体育、媒体、社交等）的英语都应该是商务英语。

对商务英语研究内容的定量分析往往由于商务英语复杂的语体特征难以直接界定。由于实践中的商务英语教学体现了不同时期的商务英语研究对象，我们可以通过对商务英语教材的“追溯”来观察商务英语研究的范畴。有外国学者通过对 1960~1990 年间出版的 150 本商务英语教材进行分类研究时发现，商务英语教材由于受到需求和社会语言学发展的影响，产生阶段性的变迁，在实践需求引导下的商务英语研究具有以下属性和特征：20 世纪 60~70 年代，区别于一般英语的商务词汇和专有名词；20 世纪 70 年代，语言交际在商务语境下的应用；20 世纪 70~80 年代，语用功能和程序化词汇的强化；20 世纪 80 年代后期，在结合前期实践规律的同时，强化语言习得中的需求分析；20 世纪 90 年代初期，语言练习围绕交流技巧的“语言”技能培训；20 世纪 90 年代中后期，不同类型学习者的认知需求得到细分，语言和商务知识呈现系统性的分布性增长。

如果说以上的量化观察是纵向分析，我们不妨再通过语言课程设置理论的分析框架进行横向分析，进一步观察商务英语理论和教学实践过程中的范畴界定问题。根据约尔登的语言教学原则分类，商务英语的课程大纲可以分为：功能式大纲、协商式大纲、自然大纲、内容式大纲、任务式大纲等。这 5 种交际教学大纲对教师、学习者之间的关系有不同反映。与约尔登类似的语言知识分类也可以在其他研究商务英语教材编写的著述中得到，如有些研究者认为商务英语课程分为商务主题和商务语言两大类。其中，商务主题应包括商务对话与交流、商务信息的传达、商务任务的实现等，而商务语言包括商务词汇和术语、商务文本和语体、商务演示、商务表达技能等方面。更多的商务英语教材则倾向于坚持某一商务主题的深化和拓展，如以商务任务或内容为主的商务英语培训教材，其预设的知识结构往往强调的是商务英语中的某种技能，再由此逐步强化商务英语中涉及的“商务知识”和“商务语言技能”两大认知要求。

总结上述观点，可以通过以下层面的分类对商务英语内容进行初步界定：所涉及的学科知识内容；所运用的语言载体；语言的语体特征；语言的使用对象；语言的需求对象；语言的语用功能等。当然，这种分类方法并不能完全满足体系化的商务英语研究需要，尤其是当商务英语的语域范畴难以直接定义的时候，精确的研究内容限定显得相当困难。

外语学习和教学的复杂性决定了外语科研的多样性。商务英语研究范围界定所产生的分歧在于语言特征和语用功能的多样性和复杂性。狭义地将商务英语语体特征限定在商业广告、新闻标题、商业信函等领域，或者广义地将与商务行为相关联的英语特征定义为商务英语，都无法体现商务英语研究所具有的特征性、代表性和一般性原则（且区分于其他英语研究对象）。

三、商务英语的研究方法

商务英语的研究方法有很多，但核心方法包括会话分析法、语篇分析法、修辞分析法、体裁分析法、批评话语分析法、语料库分析法、多模态分析法、语用学分析法等，这些方法可以从多维度研究商务英语的特点和使用。

（一）会话分析法

会话分析（Conversation Analysis，简称 CA）越来越广泛地运用于各种行业会话的研究，商务口头话语作为高度行业化和职业化的专门用途语言，可以采用会话分析的方法加以研究。会话分析旨在揭示会话的基本结构特点，描述并解释会话者进行社会交往所运用并依赖的能力，即会话参与者理解、控制、建构会话的能力，会话分析由邻近配对和话轮转换理论组成。有学者认为，话轮一是指在会话过程中的某一时刻成为说话人的机会，二是指一个人在作为讲话人时所说的话。话轮转换指参与会话的人在整个会话过程中轮流说话。话轮转换理论包括话轮构造部分、话轮分配部分和话轮转换规则。邻近配对指会话者各说一次话所构成的一组话语，它通常由两个话轮组成，如：提问—回答，问候—问候，邀请—接受/拒绝。

会话分析的理论基础包括：话语分析理论、民俗学方法论及言语行为理论，会话分析理论建立在三个基本假设之上。第一，人们在日常交际行为中的会话，并不是杂乱无章无规矩可循的，而是有相应的结构，人们为确保交际活动的顺利进行所共同遵循的准则。任何社会行为都具有稳定的、重复出现的结构特征，因此言语行为作为社会行为的一种，也应该具有这种特征。这一基本假设就决定了会话分析理论的基本目标是要明白发话者想要表达什么，受话人怎样理解它的意思并作出反应，为了保证这一交际过程顺利完成，指导人们会话的准则。第二，假设是交际者的话语和语境是相互影响的，一方面，语境制约人们的交际行为，话语是顺应语境的产物，这些既包括语言结构方面的因素，同样包括社会背景、社会规约等其他方面；另一方面，任何话语都能构建、影响和制约语境，都会对后面的话语产生影响，因此，会话分析理论必须不拘泥于任何一种语境，但同时又必须体现不同语境下话语的差别。第三，研究者在分析过程中不能忽视话语行为中的任何细节，这些言语行为中的细节通常被传统语言学研究视为无意义而被忽视的成分，这个假设构成了会话分析的一个研究方向。

会话分析的研究视角包括微观会话研究和宏观会话研究、静态会话研究和动态会话研究。目前，会话分析研究主要内容有：医患会话分析、电话谈话分析、二语会话分析。常见的会话分析方法包括：毗邻对分析、副语言特征分析、非言语行为分析、批判会话分析。

毗邻对为一对话语语列，其中第一配对部（the first pair-part）的出现规定了第二配对部（the second pair-part）的出现，例如，问候—问候，提问—回答，然而在很多情况下，第二配对部分都有不同的选择，如对邀请或提议的回答，可以是接受也可以是拒绝，第二配对的两个回答都是与第一部分相关的，其中一个是优选，另一个是次选，一般情况下，优选结构是非标记性的，次选结构是标记性的，而在有些场合下，优选结构也会变为次选结构，如在对带有自贬性质、自我批评的话语做出应答时，否定应答就成了第二部分的优选结构，优选结构在结构上比次选简单，而且通常没有拖延，次选应答结构往往是比较复杂的语言结构，通常还伴随有拖延和解释，这些学者研究不同的选择怎样影响到会话交流中的社会和人际关系问题。副语言特征分析结果表明，回答标记语（如嗯、哦、笑声）的研究都出现在话轮中的特定位置，对于交际话语中笑声的研究结果表明，笑声在话论中出现的位置具有连贯性。被其他学科视为无规则可循的现象，实则是社会成员共同实现的有序的社会活动。非言语行为分析如沉默、手势、肢体语言等，以及它们出现在话轮转化中的特殊位置及其作用的研究，主要研究注视在说话者和听话者角色转化中的作用。批判会话分析重点主要是一些特定的规约性场合发生的会话，如在教学过程中，老师和学生的对话和法庭上的会话等，揭示这些会话具有与日常会话不同的特征，以及影响这些特征的潜在的因素。

（二）语篇分析法

语篇分析一诞生就与语言学有着十分密切的联系，无论是从理论框架上还是研究方法上都受到了理论语言学、结构主义语言学、应用语言学和语用学等语言学分支学科的影响。此外，还从社会学、人类学、教育学、心理学、认知科学、哲学等许多学科吸收了许多有益的理论和方法。语篇是特定的社会语境中人与人之间从事沟通的具体言语行为，以及一定的说话人与受话人之间在特定的社会语境中通过文本而展开的沟通的言语活动。以巴赫金为代表的语篇理论家认为，作为一种言说或表述的语篇，是“活”的而不是“死”的，范围小到一个符号、一个词或单独一句话，大到一篇文章、一部作品，甚至无形的舆论等，其真实含义只能通过社会交往与对话实践才能获得。语篇隶属于同一的形成系统的陈述整体，每一种“语篇”构成一个相对独立的“单位”，它具有特定的实践功能，而“语篇实践”又通过语篇对象、陈述、概念、策略等可供分析的关系网络在动态运行中反映出来。

语篇分析作为语言研究的一个重要视角，关注比句子更长的语言单位，强调借助上下文语境、社会文化背景及人的思维等解读语言交际过程。语篇研究既关注书面语（如小说新闻报刊、法律文本、商务函件等），也关注口语（如医患对话、电话交谈、课堂互动、演讲、电视访谈等），同时也关注网络语言（如网络实时聊天、博客/微博语言、电子邮件语言等）。主要研究的是自然语言，使用的例句也很少是由作者自己想象。研究时往往考虑语境，当然人们对语境的看法也各有不同，一般来说，分析语篇时各种语境的因素都要考虑到，但其侧重点有所不同。总而言之，语篇分析的主要论点可以概括为以下五点：第一，人们在进行面对面的交际或写文章时，往往不是用一个孤立的句子，而是应用大量有组织的句子。第二，使用语言和理解语言时，语境是一个不可缺少的因素。第三，不管是交际中的口语，还是成篇的书面语，小句和小句之间，句子和句子之间，段落和段落之间，都存在结构上的或语义上的联系。第四，人脑中的语言是以语块的形式储存的。第五，篇章对句式及其变体的选用有制约作用，句中也存在着篇章现象，如有定无定的表达等。

语篇分析关于句子功能观、交际动力、主位、述位、过渡、衔接、照应、指示、替代、连贯、语境、语域等问题的研究，使语言研究的范围进一步超越了句子的范围。语言学家韩礼德提出了语篇衔接理论，他认为语言的衔接不仅仅存在于语法层面上，从词义上讲，所有的结构都应该是衔接的。韩礼德等人的贡献一是把属于句法层的主位、述位研究扩展到了语篇层；二是分析了大量的文学语篇和非文学语篇，总结出了部分语篇结构类型；三是对语篇或语篇衔接的研究；四是强调语境对语言的影响。韩礼德和哈桑分析了句子间的内在联系，并对语篇中的衔接关系做了分类，提出了4种衔接手段：指示、省略、连接和词汇衔接。施莱歇尔在其专著《语篇分析方法》中，介绍了6种语篇分析方法：言语行为理论、互动社会语言学、交际人种学、语用学、会话分析法、变异分析法。马博森在此基础上，补充了关联理论和系统功能语法。

（三）修辞分析法

修辞分析法运用修辞理论研究一个或一组交际事件的表现特征。就商务话语中修辞分析方法的应用而言，要重点关注以下3个领域：第一，商务话语中的积极修辞与消极修辞分析。研究商务话语分析关键在于研究“消极修辞”，研究那些口头和书面商务话语经常出现的修辞现象。第二，商务篇章结构修辞分析。商务修辞分析不仅研究词句的选择，而且要研究句子以上到篇的选择即篇章结构的选择。修辞学是从语言运用的角度来研究用于段落篇章中的各种表达手段和技巧的。第三，商务语体风格修辞分析。语体是指言语的功能变体，又叫功能风格。人类社会多方面的交际需要带来了语言材料在功能上的分化。这种分化和经常复现的结果形成了一定的语体，每种语体在一定历史时期内都有自己典型的、公认的表达方式和手段，具有约束力和稳定性。风格在这里特指言语风格，是使用语言的特点的综合，有时代风格、民族风格、流派风格、个人风格、表现风格等。每一种风格都有自己一系列的风格要素，语音、词汇、语法、文字、篇章、修辞方法等风格要素的总和共同构成言语风格。商务话语修辞分析研究的核心问题是修辞和语体、风格的关系问题。

商务话语修辞分析的主要方法包括：第一，归纳法和演绎法相结合；第二，静态分析和动态研究相结合。前者是对修辞现象、修辞材料、修辞方法的形式特点、潜在功能、心理基础等做脱离语境的一般性分析，如比喻的构成、分类、作用、心理基础、使用要求等。后者则是将修辞现象置于特定语境下，在言语交际过程中进行考查，揭示修辞形式和思想内容、交际主体因素、社会文化因素、场合因素等的复杂关系，特别是形式和内容、修辞和语境的辩证关系；第三，定性研究和定量分析相结合，利用统计学的方法和提供的数据，从质的方面和量的统计上研究语体。语体之间的区别不仅反映在各种质的特征上，而且质的共同性也表现为不同的量；第四，描写和解释相结合，描写修辞分析就修辞本体进行描写，如修辞系统、修辞手段、修辞规律等的观察和概括。

（四）体裁分析法

体裁理论包括以下六个观点：行业体裁是可识别的交际事件；行业体裁是高度结构化和惯例化的构件，在话语值的词汇语法资源方面有一定限制；行业资深成员，比新成员或行外人士拥有更多的体裁知识以及更熟练的运用能力；职场人士经常运用体裁资源在构建社会公认的交际目的框架内来表达私人和机构的意图；行业体裁是行业与组织文化的体现；行业体裁自成一体，通过组合文本、话语和语境因素来识别。

商务体裁分析的目的包括以下七个方面：理解并解释话语世界中的现实，增加体裁理论深度；理解职业体裁的“个人意图”，增加体裁理论的效度；理解如何在特定职业文化中通过话语实践建构个人、组织、职业和社会身份；理解职业边界如何通过话语实践得到协商；从社会批评的视角研究作为行动的语言，从文本出发，超越文本，但不脱离文本；为教学提供有效的解决方案，促进教育界与行业的合作；协商话语实践与职业实践之间的互动。

商务体裁分析方法包含以下几种：第一，文本的空间。运用文本知识分析作为文本的话语。限于话语的表层特征，包括话语的形式与功能方面，如语音、词汇、语法、语义，包括句间衔接和文本结构，如已知信息和未知信息，主位和述位或信息结构的其他方面，只考虑狭义的语境。要研究文本内部特征，特别是它们在修辞、话语策略、组织规律性、互文性和互为话语性语境中的赋值。第二，社会认知空间。运用体裁知识分析作为体裁的话语，解释话语是如何在特定机构与职业背景中被解释和运用，话语社群成员如何充分运用话语资源作出各种修辞语境的回应。要考查语言运用的策略，尤其是互文性。第三，职业与机构的空间。运用职业知识分析作为职业实践的话语。将体裁概念扩展至职业实践，不但要求体裁知识，还要求职业知识和职业实践的经验。同时，要研究专业人士如何运用其专业知识来维持和控制体裁，用于达到其职业目标。第四，人类学空间。运用人类学知识分析作为社群活动的体裁。体裁运用的典型语境是话语社群，要将分析的焦点从文本特征转向话语社群特征的分析，如参与者的身份变化，体裁维持或改变的社会结构或职业关系。第五，社会批评空间。运用社会知识分析作为社会实践的话语。体裁分析同样可以从意识形态批评的角度展开。

（五）批评话语分析法

批评话语分析主要建立在现代语言学的各种理论上，尤其是系统功能语法，其主要原则可以概括如下：第一，批评性话语分析关注的是社会问题，对社会发展和矛盾在语言和其他符号中的表现进行剖析，而不是为了纯语言研究而分析语言的运用。第二，话语反映权力关系，批评性话语分析强调权力关系在话语中的体现。第三，话语是社会和文化的构成要素，话语与社会文化实际上是一种辩证的同构关系，即互相包含、互相影响。第四，话语是意识形态的工具，通过特殊的方法描写和建构社会，再现阶级关系、性别、种族关系。第五，话语具有历史关联性，不可能在真空中产生，必须在历史背景做参照的情况下进行解读。第六，语篇与社会是间接关系，其间充当中介的是话语次序，即与特定场合或情境相关的话语实践规则。第七，话语分析是解释性，对不同的听/读者来说，由于情感、阶级地位、种族、性别、年龄、态度、认知图式及信仰的不同，尤其是由于对有关背景所掌握的信息量不同，同一语篇可以有不同的解释和理解。第八，批评性话语分析是社会行动，其宗旨是揭露不平等的权力关系，促进人类社会与文化的进步。

批评话语分析特别关注的两个领域。一个是大众语篇和官方话语，包括政府、行政管理人员、司法官员、商业组织、新闻机构等的话语。这些语篇来自官方，在塑造一个社会的态度、意义和意识形态上起着直接作用，而且对于这样的语篇，普通人很少对话语的生成者直接做出反应。第二个是个人话语，即个人间发生的正式或非正式的交谈。个人话语很容易使人习以为常，意识不到其中的意识形态意义。

批评分析法关注话语、话语生成和解读及相关的社会文化语境，透过商务话语所处的微观语境，从更宏观的社会文化语境、话语权力和意识形态去理解和解读商务话语背后的真正原因，特别注意语篇生成者在及物性（transitivity）、情态（modality）和分类（classification）、互文性（intertextuality）等。批评话语分析方法包括三种：社会历史分析法、形式或语篇分析法、阐释与再阐释法。

1. 社会历史分析法

社会历史分析方法主要包括五个层次：第一层，认识并描写产生和接受语篇的具体“时空场合”；第二层，分析和描述语篇产生的“交际领域”；第三层，“社会机构”，指一套比较稳定的规则和资源加上由此确立的社会关系；第四层，

“社会结构”，指的是社会机构和交际领域中存在的那些典型的比较稳固的不对称现象和差异，包括确定这些差异背后隐藏的可以用来解释它们的产生和存在的那些标准、范畴和原则；第五层，“技术分析”，是对赖以产生、传播和接受语篇的媒介的分析。

2. 形式或语篇分析法

批评话语分析的第二种方法是形式分析法，主要分析语篇内部的组织结构和关系，有五种分析方法。第一种，符号学分析法，这种方法关注的主要是符号形式本身，包括它们的构成成分、内部结构、相互关系及符号背后的系统和规则等。它一般不考虑产生、传播和接受符号的那些社会历史条件。第二种，会话分析法，这种方法把语篇看作一个动态的过程，它关注的不是就有限的材料建立整体的语篇结构模式，而是强调考察在自然环境中进行言语交际的语言使用者的行为。会话分析者试图解释的是说话人和听话人自己建构的会话程序。第三种，句法分析法，这种方法是对语法规则在日常言语中的实际运用所做的分析。第四种，叙事分析法，这种方法主要是分析叙事体语篇的叙事结构，它可以探索具体的叙事手段和它们在故事讲述中的作用，或者考查一组叙事体语篇所共有的那些结构、人物和角色等。第五种，证论分析法，这种方法的目的是揭示和重建语篇的典型推理方式，对研究政治性语篇尤其有用。

3. 阐释与再阐释法

批评话语分析的第三种方法就是阐释和再阐释法，但这种分析方法绝不应脱离深度阐释学的方法论框架中的其他两个方面，即社会历史分析和阐释与再阐释。对语篇做出合理的解读，在阐释中提出对意义再思考。阐释也是一个“再阐释”（re-interpretation）的过程。

（六）语料库分析法

近年来，语料库短语学（Phraseology）研究兴起，基于语料库的短语学研究基于频数，短语研究的出发点是数据，认定短语序列的标准是频数信息，涉及了更为广泛的短语光谱内的词语现象。改变了传统短语学研究都由某种理论驱动，采用自上而下的理性分析。可以预见，语料库短语学研究在今后商务英语语言学研究中将可能成为重点之一。语料库语言学采取自下而上的研究方法，依据不断发现的新语言事实，凭借新的描述手段，以新的描述系统和范畴对结构、意义和功能进行全新的描述，主要研究机器可读自然语言文本的采集、存储、检索、统计、语法标注、句法语义分析，以及具有上述功能的语料库在商务语言定量分析、商务英语词典编纂、商务体裁分析、自然语言理解和商务翻译等领域中的应用。语料库分析方法运用海量商务文本或口头转写语料，可对单个商务体裁或社会公认的交际事件进行研究，将计算机技术应用于商务话语分析，提取商务话语的特点和规律，和系统功能语言学理论相结合开展商务话语研究。

商务语料库研究一般采取定量为主、定性为辅的研究方法，要进行定量研究就要涉及文本的检索和数据的统计。从文本的字节数、形符数和句子数可以推断文本的篇幅长度。单纯的形符数和类符数不能反映文本的本质特征，但二者的比率却在一定程度上反映了文本的某种本质特征，用词变化和词汇丰富度。类符形符比越高，用词变化性越高。我们需要采用标准化类符形符比来反映用词的变化性，其计算方法是按一定长度，分批计算文本的类符形符比，然后求出平均值。利用平均句长和句长标准差可以判断文本的句子是否比一些简易文本的句子要长。还可以用它来比较段落长。根据平均词长，计算低于该词长的类符数在总类符数中所占比例，以判定该文本的词汇难度。

对商务英语语料库，用软件生成词表（wordlist），可以得到文本中的最高频词频。我们再选择关键词（keyword）以确定关键信息。一个词是否是某一文本或体裁的关键词，不仅取决于该词在该文本或文类中的出现情况，还取决于该词在与之相对比的参照语料库中的出现情况。因此，我们可以选取某一参照语料序，按照关键值（key value）生成关键词词表或主题词词表（keyword list）。通过观察关键词词表中排在较前的关键词，关键值越高说明该信息越重要，可以得到该文本的最关键信息。

（七）多模态分析法

多模态分析法关注商务话语的模态形式，包括声音或文本的单模态话语、视听双模态话语和视听说写多模态话语。多模态话语分析的理论基础是系统功能语言学，重点研究六个方面的问题：多模态话语的定义；话语转录和分析；多模态话语分析与技术；多模态的意义生成潜能提升；多模态和多媒体语言学习；多模态话语分析对语言学的影响。目前，多模态话语分析主要有三种方法：系统功能多模态话语分析法、多模态话语互动分析法、语料库多模态话语分析法。

多模态话语分析框架主要由五个层面的系统组成：第一，文化层面，包括意识形态和体裁结构潜势；第二，语境层面，包括由话语范围、话语基调和话语方式组成的语境构型；第三，意义层面，包括话语意义及概念意义、人际意义和谋篇意义；第四，形式层面，包括语言的词汇语法系统，视觉性的表意形体和视觉语法系统，听觉性的表意形体和听觉语法系统，触觉性的表意形体和触觉语法系统等以及各个模态的关系；第五，媒体层面，包括语言和非语言两大类，语言类包括纯语言的和伴语言的两类，非语言类包括身体性的和非身体性的两类。

中介话语分析理论是多模态互动分析的主要理论依据之一，该多模态话语分析法从交互社会语言学中吸收的概念包括实时交互和使用中的语言，吸取了多模态研究中重视音乐、色彩、身体动作模态等优点，认为互动是人类的行为，各种形式的模态是行为的中介。互动是通过言语、距离、身体姿势、头部动作、坐姿、手部动作，场景布局、印刷品、音乐等模态的各种协同使用来进行的。每个模态的使用都有自己可观察到的过程，如起点、持续和结束。人际互动被视为一个交际事件，由一系列高一级行为构成，整个交际事件的不同阶段可以清楚地辨认。

语料库多模态话语分析的依据是“社会行为心理学、行为生态学和感知生态学”，提出采取“角色构建”的概念，对参与人、物、场景布置等有关的角色之间的各种关系进行深度描述，构建各种角色互动的模型。将多模态话语数字化，让计算机处理数据，对连续的视觉信息流切分，用一套元语言系统对切分单位标注。分析重点在多模态话语的内容上，把人际互动分成内容层和媒介层。内容层是摄像机采集到的代表人际互动的自然情况。媒介层是内容的承载者，模态实际上是用来分析录像内容的软件工具所能处理的媒介，如声音、身体姿势、动作等。

上述理论模式对模态的定义、多模态话语的认识、分析路径和方法都有各自的特点，系统功能符号学的研究成果对多模态即席话语分析的价值在于其系统性和语法观。多模态互动分析对各种模态进行了细致的描述，可以充实多模态即席话语的分析框架和内容。语料库多模态分析法把人际互动分解为说话、做事、说话兼做事三种情况，有利于把整个人际互动进行操作性切分，并运用语料库的方法，把有关信息集成处理，为我们进行多模态即席话语分析提供了思考框架和一些重要的信息。

（八）语用学分析法

语用学的主要理论包括言语行为理论、会话含义理论、合作原则、语境理论、面子理论等。言语行为理论认为：为了传递信息，人们需要使用话语，但话语并非都是为了传递字面意义或表达话语本身的语义信息，在很多时候，说话人都是在“以言行事”。比如，许诺、警告、请求、命令、抱怨、邀请、赞扬等。在一定的语境条件下通过话语实施的行为，被称为“言语行为”，是说话人跟听话人对抽象语言能力的运用。

会话含义理论是美国哲学家格赖斯提出的，他区分了话语的自然意义和非自然意义。自然意义指话语本身表达的客观事实，而非自然意义指说话人要表达的意图，即主观的非实际的信息。指出说话人在说一句话的同时还流露出的别的隐含意思。也就是说，在言语交流中说出X，命题意义为P，然而却隐含Q。会话含义，就是话语在会话中产生的隐含意义，是力图解释人们如何获得言外之意，也就是如何收获一句话的隐含意义的一种理论。格赖斯的合作原则是会话含义理论的基础。

合作原则指人们在会话过程中头脑里会尽量保持某些标准，在遵循这些标准的基础上使交流顺利进行。“合作”指会话参与者尽管是分别提供自己的话语，但总是在一定程度上意识到其中的某些目的，至少是一个互相都能接受的话语发展方向。这些目的或方向的达成可以说，是在会话过程中共同维护和坚持当前的目的和方向形成的默契，也可以说是会话参与者在交流过程中共同合作努力的结果。格赖斯把合作原则具体分析成数量、质量、关系、方式四条准则：第一，数量准则，指的是信息量要恰如其分，不多不少；第二，质量准则，指的是说话要真实，要有根据；第三，关系准则，指的是话语之间要有关联；第四，方式准则，指的是说话要清楚，有条理，不要有歧义，不要啰唆。

语境理论包括社会认知语境观和动态关系语境观。社会认知语境观认为，语境模型（情景模型与语境心理模型）不是客观的事物，而是一种主观的认识，是交谈者在交际中形成的一种心理过程。动态关系语境观认为，在表意功能方面，语境与语言结构具有动态的互动关系。语境变化，结构随之出现不同的选择，同样，结构变化，表明话语体现的语境有了新的认识。交际者根据谈话中勾起的场景记忆（episodic memory）形成一种心理上的语境。这种语境模型控制了话语的生成和理解：它与其他场景记忆相结合，在同一事件中个人形成自己的心理模型，并分别以自身认知用话语表达出来。

面子构建理论使用了两个与以往研究截然不同的理论框架：第一，交际的联合共建模式，即交际中如何实现意义与行为的构想。交际的联合共建指交际双方在会话中相互制约各自对话语的解读与设计，继而产生非累加的交际成果；第二，将面子视作两个或两个以上交际者在会话中联合建立的交际关系。

商务语用学运用礼貌原则、面子策略或合作理论等研究商务话语，可以分为微观商务语用学和宏观商务语用学。微观商务语用学研究商务话语中的语境、指示语、言语行为、会话含义、预设、前提、会话结构、关联理论等语用现象，宏观商务语用学研究商务交际和活动中的礼貌、幽默、隐喻、印象管理、买卖双方、商家和顾客的交际，通过礼貌原则和方法考查口头或书面商务交际中的面子策略和关系管理。

语用学的研究方法包括四种：语料库语用学研究法；多模态语用分析法；语篇语用分析法；实验语用学研究法。

语料库语用学研究法基于书面语料库和口语语料库，从各类涉及语言使用的语料库中寻找语用现象，尤其是语用范式，探寻语用现象存在的各种语境条件，并在此基础上进行语用学阐释。语料库语用学研究有助于寻找语用现象存在的语料佐证及语境条件，还有助于发现新的语言使用特征和语用现象的分布及模式。语料库语用学研究可以开展话语标记语语用功能、情态模糊限制语语用功能、词汇语用、副词语用化、构式语用、句法语用、篇章语用、言语行为等研究。

多模态语用分析法充分利用图像、色彩、神态等非语言模态因素，研究与语言一起共同参与意义构建的非语言模态信息的重要角色。语用分析的多模态信息维度主要可以分为三个层面：情境因素层面、交际者因素层面和媒介因素层面。其中，情境因素层面包括天气、场所、噪声等模态；交际者因素层面的维度包括交际者的表情、眼神、语气、音调、肢体语言等模态；媒介因素层面包括字形、字号、图形、图像、色彩等模态。这些所有模态之间的关系主要分为互补关系和非互补关系。互补关系包括强化、凸显关系、说明关系等，非互补关系包括类比关系、信息冲突关系等。各种模态通过相互作用，相互协调配合，生成互动的话语意义，从而完成交际目的。从信息接收方来看，借助多模态信息可以更准确地推导出信息发出方的交际意图。

实验语用学采用实验心理语言学研究方法，如在线理解研究、反应研究、眼动追踪研究、口头报告研究等开展语用学实证研究。此外，社会心理学、发展心理学的研究方法也广泛应用于语用学研究，探索言语行为、含意推导、说话人意义等的认知规律。语用学理论的神经生理学研究主要是对人在从事言语交际时脑神经活动变化规律的监测，由于 ERP（事件相关电位）系统能直接连续地测定脑电活动情况，研究者可以通过 ERP 考查隐喻、谚语、反语等的语用加工制约因素。研究者还借助 fMRI（大脑成像技术）了解人类中枢神经系统的作用机制，如研究使用不同指示语时的神经激活情况等。目前的实验语用学包括离线和在线两种方法。离线实验指在记录受试者对语料刺激的反应时，无时间控制，只记录频率和对错。在线实验不但记录受试者反应的频率和对错，还记录反应时，反应时是观测重点。在线实验利用实验室仪器和计算机软件。两种实验方法都有口笔头之分，并且都可以测试带语境和不带语境的话语认知过程。

语篇语用学的核心问题是语篇的隐含意义 / 语用意义或意图，研究语篇与语篇使用者之间的关系、语篇组合的语用因素、语篇的意图性和情景性等问题。语篇分析涉及的语用知识主要有：指称与交际距离、所指与推理、前提与蕴涵、合作原则与隐含义、言语行为与言语事件、礼貌与交往、会话与优选结构、话语和文化。语篇语用学更多关注认知语用和心理学的概念，如背景知识、信念、期盼、图式、框架、草案、文化图式等。

语篇语用学考察的对象是：第一，语篇的语用连贯性（通过语篇之外的知识实现话语意义之间的联系）；第二，语篇必须传递一定的新信息；第三，语篇语境意义和互文性产生的语境化意义，通过产出者语言信息达到特定的交际目的，产出者的意图必须为听者 / 读者所接受。语篇语用学综合运用不同方法，如会话分析方法、变异分析法、交际民俗学法、互动社会语言学法和言语行为分析法等。语用学方法论则综合利用上述方法，将重心放在一定的语境中话语的意义及产生的效果方面。

第三节　商务英语的专业结构

一、高校商务英语的专业结构

我国高等教育正处于蓬勃发展的阶段，在这种情况下，商务英语又将如何创新发展，如何培养商务英语专业高素质、高能力的综合性人才，满足现代社会市场需求，是当前要解决的几个重要问题。商务英语专业结构应着重于以下几个方面。

（一）目标定位

商务英语方向的人才培养目标，即学生应该具备较宽广的国际视野、扎实的英语和商务基础知识和技能、较强的语言运用能力和跨文化交际意识，掌握一定的商务实践能力，具有较高的思想道德素质、人文素养和创新意识，能够胜任企事业单位、合资或外资企业的涉外商务与翻译工作。

（二）课程设置

在学科建设中实现培养目标的关键是课程设置。商务英语教学要求学生熟练掌握英语基础知识，对使用英语的国家的文化背景有一定了解，这样才能更有效地学习商务英语知识。第一类：公共课，主要是一些基础性的课程，包括计算机基础与运用、政治理论课程、体育等其他选修公共课程。第二类：实践教学，主要是以社会体验为主，包括毕业实习、毕业设计（论文）和综合训练等。第三类：专业类课程，是学科的关键课程，主要分为商务英语知识课程、英语基础知识课程、实训实践课程和人文素养课程。

商务英语专业课程是英语主体课程与商务课程的有机结合，并不是单纯的学科叠加。商务英语专业课程要求学生运用扎实的英语基础知识去学习商务专业基础知识，同时要求学生在学习商务专业知识过程中提高英语水平，两方面相辅相成，相互协调、相互促进，最终的目的是培养出具有国际高水平的商务英语人才。

（三）工学结合的人才培养模式

工学结合培养模式是一种理论与实践相结合的培养模式，是对课堂教学的升华，是更加实效、高级的培养模式。培养高素质、国际化的商务英语人才，必须将理论和实践融为一体，让学生在学习的同时进行社会实践，在社会实践中学习更多的知识，从而获得专业综合知识，提高综合能力。此外，还要开展校企合作、社会实习等，学校能够实时了解社会动态、人才需求情况，正确把握最新动态，有针对性地开展专业课程。

“3+1”的人才培养模式是工学结合的首选。具体而言，学生用前三年的时间在学校学习专业课和实训，之后进入对口企业进行一年的专业实习。这种模式能够顺利进行的关键是学校和企业之间的配合，企业专家、教师、学生之间互相配合。学校要为学生提供学习专业基础知识和提高能力的平台。构建商务英语人才培养的实践训练平台包括：在学校建立仿真的实训基地，构建一批稳定的校外实习基地。两方面相结合构建全方位的实践训练平台。工学结合的培养模式要求理论课程与实践教学的中心内容、教学大纲必须保持一致，而所使用的教材可以分开设置。实践教材需要更好地结合实践，包括案例分析、岗位训练、岗位培训等内容。在理论教学过程中，教师应掌握恰当的方法，着力开展案例分析、模拟谈判、项目管理、分组讨论与辩论等。学生不仅要掌握专业基础知识，学习分析问题、解决问题，还要学会运用恰当的语言、逻辑思维，与人交流沟通，团队协作。在对学生学习成果的考核方面，结合岗位需求制定考核标准，考核方式多样化、全方位化。根据课程的自身特点可以采用行业专业人士评价、教师评价、学生互评相结合的评价模式，针对学生每个阶段的学习成果开展评价。

工学结合作为复合型人才培养的一种新模式，更有利于培养目标的实现。高校和企业联合成立专项评审小组，企业能够给学校提供大量专业前沿信息和有实践经验的专业兼职教师，为学科建设和发展出谋划策。学生在这种模式下学习、实践，能够灵活掌握专业基础知识，拓宽知识面，尽早适应社会需求。

（四）教学体系

商务英语专业建立的实践教学体系，应着重培养学生运用专业语言的能力，在实践中发现问题、解决问题的能力及沟通交流能力，培养学生适应环境、创新创效的能力。商务英语专业采用工学结合的教学模式，可以从三个方面完善实践教学体系：校内综合技能培训、课内实践教学、生产性实习。

1. 校内综合技能培训

（1）商务综合仿真实训

商务英语综合仿真实训的开展，可以在学生有了一定基础知识的基础上进行，多数学校选择在三年级的夏季开展，为期两周。仿真实训采取模拟公司的方式，教师充当公司负责人，学生根据实习岗位的不同能力要求，选择一项综合类的实训项目，在其中担任相应的职务，完成一个周期的训练。商务英语综合仿真实训是一项综合类型的训练，学生在其中能够有效完成学习和实训两项任务，以此提高对基础知识的运用能力，为真正的实践打下良好基础。

（2）职业资格证书实训

商务英语专业涉及的职业资格证包括：商务英语口译笔译证书、剑桥商务英语等级证书、涉外文秘证书、报关员资格证书等。职业资格认证考试的相关辅导和培训有助于学生提高综合技能、职业水平。学校要对通过考试的学生适当给予奖励。

（3）学科竞赛和专业活动等第二课堂活动

商务英语专业要注重培养多样化的人才，使学生发挥特长，注重个性化发展。学校应该组织多样化的专业活动，让学生根据自身喜好和特长参与各种活动，有利于学生个性化发展。还要开展各种与专业相关的第二课堂活动，丰富学生的课余生活，如商务模拟谈判、英语演讲比赛、商务英语知识竞赛、电影配音大赛、英语辩论比赛、英语话剧社、商务情景模拟大赛等。同时，学校可以协调学生去参加真正的商务交易会、博览会等，让学生可以身临其境，真正接触商务活动，接触外商交际方式，提高学生的英语口语交际能力。为调动学生的积极性，可以将第二课堂的成绩记入学期成绩中。

2. 课内实践教学

商务英语专业的很多课程需要将知识、实践和综合能力有机结合开展训练。这就要求学校以课程项目为载体，融入各种元素，有针对性地开展课堂训练，培养学生的英语实践应用能力，主要学科包括商务英语口译、综合、写作、笔译等。另外，一些具有较强实践意义的课程应作为商务专业技能重点培训内容，如国际贸易实务、国际商务谈判、进出口单证等，可以通过多媒体、对外经贸等现场模拟，使学生感受到商务实践活动的内涵和氛围，有助于学生掌握商务交流的技巧和要点。

3. 生产性实习

（1）岗位实践与专业认知实习

在第一学期专门为新生开设“专业导论”课程，主要目的是引导学生深入认识专业特性。该课程主要是介绍专业的基本情况、课程设置、学习的基本要求、专业所要达到的目的等，授课形式主要是专业教师讲解、聘请行业专家开展讲座、学生到相关企业观摩学习、旁听高年级模拟训练课等，使学生更清楚地认识本专业的实质和内涵，为未来学习打下坚实的思想基础。

（2）顶岗实习

学校可以在第七、八学期安排学生到校外的实习基地开展为期一年的顶岗实习。由于顶岗实习安排在最后一个学年，针对的都是毕业生，学生可以将顶岗实习作为毕业实习。参加实习的外贸公司的岗位主要有：翻译、报关员助理、外事接待人员、跟单员、酒店涉外接待人员、旅行社的导游等。学生通过顶岗实习提高专业能力、应变能力和综合素质。

（五）实习基地

1. 校内实训室建设

在学校内部按照企业实际标准建立实训室，让学生能够在实训室内体验到在企业中实际工作的氛围，这是实现工学结合人才培养模式必须具备的基本条件。通过软件设计操作商务英语专业的实训室，在网上开设虚拟贸易公司，能够完全模拟对外贸易的各个方面，学生可以根据兴趣、爱好选择任意岗位，体验不同工作角色。仿真模拟的场景包括国际商务谈判、工厂跟单、签订合同、包装运输、质量检查等。利用商务实训软件和网络资源建立的仿真商务实训室，可以帮助学生在虚拟的网络中参与商务活动，在仿真的商务场景中练习商务单据处理、信函等相关内容的处理及商务活动中常见问题的处理，有效地促进学生的商务用语标准化，使学生逐渐学会使用商务思维方式处理问题。

2. 校外实习基地建设

高校可以积极与校外企业合作建立实习基地，企业管理者充当校外指导教师，传授学生实践经验，定期组织学生到企业中参观、学习，定期组织学生参加校企合办的“国际商务节”“商务职业技能大赛”“商务英语专题知识讲座”等。“订单式”培养模式针对性强，能够在较短时间内提升学生的实践能力。

（六）师资队伍

教育离不开教师，教师是教育的基石。商务英语属于交叉学科，对教师的要求较高，既要求教师能够熟练地使用英语，又要掌握商务类各种知识，一般单纯的商务专业或英语专业出身的教师很难达到这些要求。可以通过以下几个途径培养复合型教师。

1. 鼓励英语教师“走出去”

合理规划教师培养培训计划，完善培养培训体系，提高教师综合专业水平。为了使英语专业教师具备相应的商务知识，学校应建立相应的制度让教师进修商务类课程，同时到商务专业相关岗位挂职锻炼，与相关专业开展学术交流。多途径提高英语教师的商务知识水平，培养英语教师成为综合性、交叉性学科骨干教师、学术带头人，努力建立一支“双师型”、业务精湛、综合能力高、师德高尚、结构完备、充满力量的商务英语专业高素质教师队伍。

2. 吸引商务人士“走进来”

学校要大力引进外部商务英语跨行业人才，如吸引海外留学归来的经济学、金融、管理专业的硕士或博士，引进英语学士 + 经济学、工商管理学硕士或博士。这类人才在商务教学中完全能够采用双语或纯英语教授各类商务专业课程，如管理学、国际商务、市场营销学、工商导论等。高校还可以加强同企业的合作，邀请企业内成功的专业人士举办讲座，担任客座教授或指导教授。

学校为了发展商务英语专业，要竭尽全力培养复合型教师。复合型教师是商务英语专业教师的发展方向，教师在教学中不仅要培养学生会说英语，还要培养学生用英语进行商务交流的能力。

二、商务英语专业的特色建设

商务英语专业学生就业的对口行业是以外贸为主的进出口贸易行业，外贸行业是商务英语专业学生就业的核心市场。因此，各大院校将商务英语专业作为热门专业。

但是，许多院校的商务英语专业的人才培养模式却一直没有得到更好的发展，存在诸多问题，如课程设置缺乏专业特色，普遍存在重视英语，忽视商务专业知识培养的问题，缺乏实践教学，人才培养无法赶上外贸行业发展的脚步，严重滞后。尤其是近几年世界经济发展迅猛，外贸企业处于发展转型期，对商务英语专业人才的需求远远超过传统商务专业人才的需求量，而高校商务英语专业主要还是针对传统外贸行业培养人才，这一矛盾直接导致大量商务英语专业学生就业困难，与此同时，高校招生也必将出现下滑趋势。此外，一种新型国际贸易形式——跨境电子商务正在迅速崛起。跨境电子商务已经成为国际贸易适应“互联网 +”时代的全新的国际贸易方式和手段，很多传统贸易公司也开始转型升级，走上了“互联网 + 外贸”的外贸电子商务改革之路，顺应市场发展趋势。因此，在全新的市场背景下，对商务英语专业的人才培养提出了新的要求和挑战。

（一）跨境电子商务人才需求与行业发展分析

1. 跨境电子商务行业发展概况

跨境电商是指分属不同关境的交易主体通过电子商务平台达成信息或商品交易的国际商业活动。随着我国出台的各种针对跨境电商的优惠政策，行业人员积极推动完善产业链，使得跨境电商进出口总额逐步上升。以跨境电商为主导的新型贸易方式逐渐成为进出口贸易行业发展新的增长点。

2. 跨境电商人才需求

（1）跨境电商人才缺口大

跨境电商企业选择人才最多的倾向是国际贸易（含商务英语专业）。虽然国际贸易、商务英语等相关专业每年有大量毕业生，但仍然无法满足跨境电商对人才的需求。有调查结果表明，约有 85.9% 的企业认为人才短缺。这展现的突出矛盾是：虽然每年都会有大批毕业生涌向市场，但企业却总是选择不到合适的人才。调查显示，有部分企业甚至招不到适合的人才，这样的企业每年占 17.6%，而剩下 82.4% 的企业，尽管找到了人，但根本无法满足自身需求。这一现象充分说明当前高校培养外贸人才的方法存在一定的问题，更多的是为了满足传统外贸需求，这种方式培养的人才无法满足新兴的跨境电子商务的岗位需求，高校关于这类新型转型升级的产业相关人才培养模式还没有完善，这是导致新兴产业对口人才缺失的根本原因。

（2）跨境电商人才素质有待提高

当前，跨境电商领域主要选择电子商务、国际贸易等专业的毕业生。虽然从事跨境电商行业的毕业生在专业上都达到了一定水平，数量也相当可观，但还是无法满足市场需求。有人做了相关调查，结果表明企业认为毕业生还存在如下问题：81.9% 的人对跨境电子商务平台的运营模式相当陌生，53% 的人解决实际问题的能力匮乏，专业知识不够扎实的占 51.3%，缺乏国际视野和思维的占 49.7%。上述比例说明我国商务英语专业及相关专业的人才培养与外贸行业的实际需求还有较大差距，人才培养方式有待改进和创新。调查显示，18% 的企业希望学校增设跨境电子商务的相关课程，80% 以上的企业希望学校增加相关的各种实践、创新创业课程等。

（3）企业对跨境电商人才素质的需求

通过研究发现：企业对具有高素质、高能力、经验丰富、较高管理才能的人才需求并不高，仅占 17.8%，而最需要的是中级人才，这部分人才具有一定的实战训练基础和作业技巧，占总需求的 68.4%，对于入门级别，只掌握基础知识的人才需求仅占 13.8%。而更多的企业需要的是复合型人才，具备一定的解决问题、处理问题的能力。大多数的企业不看重人才的学历，他们更看重的是在从业过程中能否切实解决问题和处理问题，另外，大多数企业逐步开拓海外市场，这个趋势下企业对综合型人才需求量增加，尤其对同时具备较强英语能力和专业能力的复合型人才需求最为强烈。当企业海外业务占总业务比例在 60% 以上时，超过一半的企业看重外语能力，看重平台知识的企业所占比例仅占不到一半。企业的纯技术性和高级管理性人才并不短缺，而大量缺少的是能够从事业务的综合能力较强的真正人才。因此，商务英语专业的学生在具备丰厚的外语基础知识的优势下，还需要提升跨境电子商务平台知识的储备，同时增加参与各种实践机会，提升综合能力。

（二）研究商务英语专业创业特色

1. 商务英语专业创业理论特色研究

近年来，新的研究课题商务英语创业教育研究兴起。相关文章的基本观点都是将创业教育融入商务英语专业人才培养中，借此提高毕业生创业成功的概率和市场竞争力。如何将创业教育更好地融入人才教育培养中，可以采取以下四种方式：一是增加针对创业能力培养，提高创业意识的课程；二是各院系组织相关类型的社团活动；三是将创业教育成果视作毕业设计的一部分；四是将创业教育贯穿到人才培养中，课程体系中增加创业教育元素。通过文献分析发现，只有少数学者认为创业教育和知识教育、专业教育不可分割，密切相关。

2. 商务英语专业创业教育的实践

商务英语专业是在结合语言学和商学的共同学科背景下形成的复合型学科，综合分析评价，其与其他学科相比更具备创业的可能性。在以前以实体店为主要经营模式的情况下，商务英语毕业生由于资金、场地等诸多问题阻碍创业可能，创业很难在学生中真正推广实行。然而，在现如今跨境电商在“互联网 +”的大环境下异军突起，此种市场环境为商务英语专业学生的创业创造了有利的环境和机遇。毕业生想要创业只需要一台电脑，甚至是一部手机即可，通过“互联网 +”选择适合的产品及其供应商，经过学校专业的知识和技能培训后，创业的可能性大大增强。目前，很多传统外贸企业开始转型，从事跨境电商，有助于建立商务英语专业校企协办措施。高校开设跨境电子商务实操等相关课程逐步将创业教育作为人才培养的一种重要方式。这些课程最终都是以学生开设网店、从事跨境电子商务实际操作或者独立创业作为考核方式。有更多的院校组织开展创业团队、创业竞赛等创业相关内容，逐步将创业列入正规教育体系中，以竞赛的方式促进学习。但是，商务英语专业的创业教育的相关内容都处于起步阶段，各种具体措施、方法、模式还不完善，要想实现真正的就业创业一体化人才培养模式还需要完善很多方面的内容。

（三）商务英语专业就业创业一体化特色建设

1. 课程体系改革

（1）改革专业课程

首先，创业意识和创业精神渗透到学生所学的所有专业课中。通过将各种创业实例引入教学过程中的方式，使得学生在学习专业课程的同时能够了解企业创业的相关内容，培养学生的创业意识。通过介绍创业成功人物的典型事例，让学生了解在创业过程中需要具备的精神。如在进行口译练习时，可选择相关人士创业经历演讲的中英文视频，让学生进行口译实训。另外，可以在国际贸易实务、国际市场营销等课程中直接引用创业成功人物的相关内容。

其次，一定要开设时间类课程，让学生身临其境，使创业课程具备真实性和可操作性。如开设跨境电子商务实操。课程是结合工学模式，先校企联合，针对跨境电子商务平台的性质和特点，和各个不同岗位的工作内容和工作过程，制定岗位职责标准；然后依据制定的标准以职业能力为基础，编写教材，设计各种项目活动；同时建立双主体教学团队，开展以学生为主体的实战训练，融合“教、学、做、考、创业”，以此作为教学驱动力；最终根据校内考核与企业考核相结合、课程考核与创业考核相结合的多样化课程评价体系，评定考核结果。该课程通过真实产品与真实跨境电子商务平台结合，在教学要求的基础上，学生需要掌握八项基本操作技能即跨境选品和产品信息化操作，跨境店铺优化及推广操作，跨境物流与海外仓操作，跨境店铺注册操作，跨境产品定价、刊登和发布操作，海外市场调研操作、接订单、发货，出境报检报关操作、收款、售后服务及客户维护操作等业务操作能力，通过课程学习锻炼学生的实干精神，为学生能够更好地从事跨境电商工作或者开启跨境电商创业之路打下坚实基础。

学生所需要实现的职业目标有：能够掌握跨境物流信息，设计方案、方式等物流相关内容；能够独立开通跨境电商店铺账号；能够分析调研海外市场信息，形成分析报告供企业参考；能够独立选择所需跨境电商产品以及完成相关产品信息收集等工作；能够独立完成订单，并回访客户，提升客户满意度；能够制定跨境店铺各种提升方案、收集分析市场信息，提出改革与优化方案，并在平台内外大力推广；能够处理客户问题订单、发展新客户、维系老客户的能力；跨境电商产品价格设置恰当，产品信息发布及时准确；创新创业综合能力和素养。

通过学习这门课程，学生能够掌握关于跨境电子商务行业的相关信息，尤其是就业和创业方面的核心内容和员工能力要求等，进一步增强学生从事外贸行业的就业竞争力，为学生实现自主创业打下良好基础。

（2）通识课程改革

首先，通识课程的改革是将创业过程中所需要的奋斗、坚毅等精神教育渗透到其中。通识课程主要有：职业生涯规划、思想政治教育、法律基础课程等。职业生涯规划教育课程本身就是与创业相关的教育课程，法律基础课程可以适当增加创业相关的内容。其次，开设专门课程，内容可以是以创业为主的通用知识课程。

2. 实践教学改革

将课程内容与创业实践相结合，根据实践需要将与商务英语有关的内容进行调整，以便更有利于将课堂学到的知识应用于创业中。同时，课上、课下多方面学习从而促进学生制定创业方案。根据学生自己设计的创业方案，在校内创业实践基地开展模拟创业实践，将课堂所学知识应用于模拟实践，提高课堂知识的运用度，使得理论知识与实践活动融会贯通、密切结合。

高校应积极参与并支持省内外各种重大创业比赛。省内开展的各类型的全国大学生创业大赛，是学生锻炼提升的有效途径。根据各种不同的比赛内容，可以将与之相关的市场营销、管理、商务策划等课程内容进行适当调整，为学生参加比赛提供知识基础。同时，将比赛的要求融入学习课程中，调整教学课程内容，使学习和比赛相结合、相协调。通过比赛促进教育的发展改革，还可以将教育实践工作落到实处，而且能够更好地实现教育目标，同时对新兴的、有市场发展潜力的、构思较为成熟的、具有一定商业价值的创业项目，开展融资，促进其更好地发展，从而实现创业项目的市场价值。

3. 校企合作改革

（1）企业专家培训，增强创业能力培养

企业与学校联合可以为学生提供一定的资金和产品上的支持，使学生在创业时无须有太高的经济基础，同时企业优秀的一线工作人员具有丰富的经验并且企业创始人的创业经历也是一笔宝贵的财富，学校可以聘请这些具有丰富经验的人为学生培训指导，提高学生的创业认知和能力。对企业自身来说，学生创业一旦取得成功，也相应地使得企业从中获取利润。如果学生创业失败，也可以对学生进行再指导，让学生更进一步地了解公司的运营模式和经营方法，建立良好的合作关系，为己所用，这也是培养优质员工的途径之一。基于上述原因，实现企业和学生的双赢机制，才能使得校企合作长久发展下去。

（2）成立跨境电子商务创业团队

实现校企合作双赢的有效途径就是建立跨境电子商务创业团队，实现校企合作的真正发展，而非流于形式的现象。企业在此过程中大大降低了人力成本，同时提高了创新思维，可以选拔、培养储备人才，为企业发展增添动力；就学生而言，可以获得从事跨境电子商务的实战经验，更加深入地了解行业内容和规则，储备实战知识，为以后的创业提供基石，提高创业质量和可能性。

（3）校企实行现代学徒制

打造商务英语专业就业创业一体化的特色，需要的是更多的专业人士参与其中，包括行业、商会协会和企业中的商务英语专业人才，这样才能确保培养的质量及培养的方向，有利于培养出引领跨境电子商务行业发展的优秀人才。另外，电子商务的自身发展，也需要专业院校培养出来的优秀人才。

在我国，跨境电子商务快速发展，年交易额以30%左右的速度增长，跨境电子商务的发展势头也必将锐不可当。因此，人才的需求过大成为目前的主要问题，高校作为培养商务英语专业跨境电子商务人才的主要途径，培养出适应市场需求的高素质人才，引领中国品牌的国际化发展责任重大。商务英语专业和跨境电子商务行业的长足发展，需要多方力量的共同努力，政府、行业、企业、学校四方全力配合，建立有效的合作机制，促进人才培养，优化培养方法和模式，发挥各方优势，协同发展。

第三章　商务英语教学概述

商务英语是有专门作用的英语，现在，很多高校和专业学校，都对商务英语进行了专门的分类，分出不同专业进行招生，以扩大商务英语的推广与广泛应用。因此，商务英语的概念、教育内容、教育方式方法等也受到了广泛重视，下面就对商务英语进行简单的阐述。

第一节　商务英语的内涵

一、商务英语定义的范围

英语的用途是多种多样的，如果英语用于商业过程，是属于特殊用途的，运用的时候是在特殊情景之下进行的特殊运用。所以，商务英语的教育教学模式有着本身的特殊特点。每个学生都有着自己的不同需要，应根据不同的情景与需要，运用教材的内容进行合理的教学，增强学生在特殊情景之下进行英语交流的能力。商务英语属于当代社会中有商业方向的一种，与平时人们所说的英语是有很大差异的。这些差异表现在多个方面，除了包括英语教育内在的因素，还包括英语教育的外部因素。商务英语虽然是在商业活动中可以运用到的英语，但不能说这种英语属于商业范畴，因此，商务英语属于英语的范畴界限是非常模糊的。商务英语既可以运用到商人的具体交易过程中，又可以运用到国家与国家之间，乃至全世界范围内的经济交流过程中。商务英语与普通英语不同，一般可以分为基础性的与专业性的。基础性的英语，是关于英语的基本运用，如日常的生活用语、酒店入住、询问低价、进行报价、签订合同等方面；专业性的英语，是指对于英语在具体方面的运用，如医药化工、物流、生物等方面。

许多年来，国内外的学者和专家对于商务英语的界定与定义有过很多的研究与激烈的辩论，但至今为止都没有一个确切的定义。在我国高校，商务英语是作为一般商务用途英语为基础发展起来的综合性交叉科学，正在趋于专业规范化和学位授予弹性化发展的势头之中。整体来看，关于商务英语概念界定的论述多种多样。有的专家认为，商务英语既然是人们在交流中产生的，那么就应该属于语言学科的范畴。还有很多专家认为，商务英语既然称为英语，必然属于英语的定义之内。其他学者则认为商务英语是特殊的英语，是运用到了特殊的情景之中的特殊英语，因此，应该属于英语学与语言学的交叉学科的范围。

世界性英语理论研究主要集中在过去的三四十年。当时的学者以为商务英语与一般英语的区别仅仅在于需要掌握一些与商务有关的专业英语词汇。国内学者对商务英语概念的关注则在近十年间呈明显上升趋势。随着当今社会信息化与政治经济制度的改善与变革，不光是专家与学者，普通人也可以理解到商务英语并不是简单的英语，是随着社会潮流进行不断变迁的英语。关于商务英语的定义，我们也可以从以下五个方面进行阐述。

第一，商务英语是关于商业与英语的媒体影响力的部分，是存在于特殊的用途英语与一般普通英语之间的部分，既不属于非常特殊的英语也不属于一般的英语，是一种适用于正常的工作交流的英语，甚至不涉及较高层次的语法。

第二，商务英语并不是一个具有坚实基础的学科，而是处于不断发展的，并且因为世界各地的情况和要求不同而具有多种形态。商务英语缘起于两种便利性：国际商务人士之间对于建立沟通途径的需求；适用于交流的语言为英语。对国际商务的需求由此产生了一种教学的框架，此框架可以用来指导商务英语学习。商务英语由语言知识和沟通技能两部分组成，其中，语言知识包括语法和词汇，沟通技能包括演讲、会议和电话技能。

第三，商务英语通俗地来说，就是一些商人为了使自身的利益最大化或者为了某些目的，根据行业的要求，在特定的社会与生活情境之下，通过某种口头语言形式进行沟通与交流，进而达到商业目的的活动。

第四，商务英语是有特殊作用的，并且运用于生活的较为特殊的方面，是属于英语的一个分支，着重强调商业的特殊情境，涉及众多范畴，是一种较为特殊的技能，如管理及其他入门级以上岗位所需要的表达能力和其他技能等。

第五，商务英语随着经济的增长与社会的发展在飞速地发展着，在世界经济与信息全球化的趋势下，商务英语的范围也越来越大，上至宏观的经济调控，下至每个个体户的买卖交流。

在不同的发展阶段中，学者的表述各有不同。综合来看，学者大多认同商务英语在 ESP（专门用途英语）中的分支地位，同时肯定其在特定语境中需要用到交际能力和其他能力。我们不能一味地认为商务英语是简单的商务与英语的量的叠加，因为它是以商业活动为主要内容进行的，以英语为基础的活动。在全球化的趋势下，商务英语涉及了很多方面，包括英语的知识与技能的学习、过程与方法的运用、情感态度与价值观的体会。商务英语具有自身的性质，是不同于其他任何英语的存在。

二、英语之商务部分的调查情况

首先，商务英语归属语言学范畴。持这种观点的学者认为，商务英语和普通英语在理论上没有任何区别，都属于语言学的范畴，它并非一种有别于其他语言的特殊语言形式。例如，第一，商务英语不仅仅是以一般的根本性的英语为基础的，也不是对简单的英语的一种创新，有的人认为是一种非正常的英语，其实不然，它并不是完全特殊的英语。第二，商务英语并非一种独立的专门语言，它只不过是英语中增加了一些专门术语。商务英语和文学英语使用同样的词汇，但许多词义和用法都完全不同。第三，商务英语是从事商务活动的人们在工作中使用的语言，商务活动参与者为达到各自的商业目的，遵循行业惯例和程序并受社会文化因素的影响，有选择地使用英语词汇、语法资源，运用语言策略，以书面的口头形式进行的交际活动系统。第四，商务英语不是奇怪的英语，只是非常单纯的普通英语在特殊情境中的运用。

其次，商务英语属于 ESP 的一个分支。这一概念和“商务英语属于语言学范畴”基本上是一致的，专门用途英语本身就被看作是一种应用语言学。支持这一观点的学者众多。第一，商务英语应该归属于专门用途英语的下属学科的一类。因此，它必须从专门用途英语的总体范畴之内来看待，因为它和所有专门用途英语有着相同的特征，如需求分析、语料选择等。第二，商务英语可以看成是英语语言学、应用英语语言学、专门用途英语门下的一个四级学科。第三，有学者曾对专门用途英语进行了分析，指出：我国商务英语专业多属于这种一般商务用途英语之列，主要目的是在语言技能上加上一般的商务背景知识，但其专业性不强。第四，有学者认为，商务英语应属于专门用途英语的范畴，并可以分为两类：一般商务用途英语（EGBP）和专门商务用途英语（ESBP，

English for Specific Business Purpose）。

最后，商务英语至今没有找到属于自己的专业学科，因此还是归属于交叉学科，是语言学和商务管理学相互融合的综合性交叉科学。也有很多专家对这种观点表示认同。

综上所述，商务英语属于语言与商业的综合体。商务英语中的商务是指在活动过程中进行具体交流的事物或事件及一些专业的词汇。而英语是它的基础，是简单沟通交流所必备的。两者相互影响和融合，构成了一个完整的并且相互融合的系统。所以，在中国，将商务英语视为一个在一般商务用途英语基础上发展起来的综合性交叉科学，可能更加符合其发展现状和实际。商务英语一直在不停地发展与创新，商务英语将来要研究的领域将不仅仅是商业与英语的两方面，还要投入更多的精力去研究全球范围内商业英语的运用，更多地融入中国的文化当中去，成为一种新型的文化现象。

三、商务英语发展趋势

目前，商务英语专业采用公认的具有鲜明特色的办学模式。一是商务英语培养目标的双重性。商务英语培养目标，除强调学习者提高英语语言表达方式之外，也要求他们掌握一定的商务专业知识，即需要达到既培养语言能力，又传授有关商业部分的专业知识。二是商务英语在教育教学活动中的实际运用以及在生活实践中的运用。商务英语教学的主要目的是提高和加强学生商业管理领域的专业英语实际技能和跨文化交际能力，力求突出学有所用。与普通英语教学不同的是，它并不着重对语句、生词和语法的讲解，而是侧重学生掌握商务管理领域的专业词汇和术语，运用专业语言和普通语言，扮演管理者的角色，参与国际商业谈判等实用技能。根据作者的研究与观察，目前，我国商务英语教学模式正在呈现出新的发展趋势，将对这一学科的未来发展产生深远影响。

（一）商务英语相关专业趋于规范化

虽然商务英语在我国发展迅猛，所培养的人才能力出众，毕业生很抢手，但商务英语的独立学科和专业地位一直未被完全认可。商务英语已经成为外国语言文学下面一个新的与外国语言学及应用语言学和翻译学并列的独立二级学科。商务英语研究生、博士生也将于今后逐步申报完成。相关专业的规范化日益明显。

（二）商务英语相关学位授予趋于弹性化

由于在我国商务英语的专门化教育方法不仅要求受教育者掌握英语语言，更要精通国际的商业专业知识，因此，商务英语专业本科毕业生应该有资格与商务英语学位同时获得或选择其一被授予“文学学士”“管理学学士”“经济学学士”等，同样，对研究生层次的商务英语专业的毕业生，学位授予也应该仿照此办理。目前，已经有一些院校在实施“4+0”双学位制度，只要语言文学课程和某一商务管理课程同时完成所需要的学分，学生即可获得两个学位。这种具有弹性或灵活性的学位授予趋势更加切合我国商务英语的办学实际。

（三）商务英语教学目的趋于侧重跨文化交际能力的培养

随着全球经济一体化步伐的加快，国际贸易和跨国交流日趋重要，跨文化交流能力将在国际商务中发挥举足轻重的作用。同时，更多专家提出，商务英语语言的学习归根结底还是跨文化能力的提高。因此，可以预见，良好的商务文化意识和跨文化沟通能力的培养将逐步成为商务英语教学中的重中之重。

（四）商务英语概念和内涵趋于扩大化

在传统意义上，商务英语一般指狭义的商业谈判、进出口业务等对外商务所使用的英语，而目前在我国商务英语的概念已经扩大到广义的概念，是贸易、金融、投资、运输、财务、经济法、咨询、会览、国际合作、跨国管理等任何商务活动领域的英语的有机总和。

在我国，商务英语的概念和含义已经逐步扩大化，办学实践已经多元化，因此将其视为一个培养复合型人才的独立的综合性交叉科学，更加符合其发展现状和客观实际。

第二节 商务英语的教学思想

在早期的研究中，国外学者将 ESP 分为两个大类，即职业型和教育型，认为职业型中的三个方面：预设性经验、同步发生经验和后置性经验，与商务英语有着密切的关系。这一观点影响力深远，基本上奠定了商务英语在 ESP 中的地位，同时强调了商务英语在语言教学中的职业性特点。

商务英语作为一门学科具有交叉性和复合性的特点，对学习者的语言基本功和专业知识都提出了较高的要求。在教学方面，商务英语也具有实用性、应用性的特点。由于商务英语的教学内容与现实的商务实践关系密切，因而在设计商务英语教学法时，有必要考虑以下几个问题：如何提供复杂性、多样性、真实的教学内容；如何搭建反映“商务现实世界”的学习环境；如何设计以学生为中心，以教师为引导者和监督者的教学环节；如何培养学生自主学习，并利用理论知识解决实际问题的能力；如何强化对学生沟通能力的培养；如何在学生中开展合作探讨学习与交流学习。

一、商务英语教育教学的现实状态

随着社会的不断发展，一些高校的教育中自然地加入了商业英语这个专业，并且有很多学生想要学习这个专业。但人们普遍认为商务英语就是商务与英语的结合，殊不知，还有其他专业性的知识也应进行深入理解。商务英语教学目标就是教育受教育者具有表达能力和专业技能的实践运用。更重要的是，商务英语关于技能方面的教育没有具体的衡量标准，而教育者自身的经验也是受教育者学习的一大难关。如果教育者具备良好的商务英语素质，具有较多的实战经验，那么，教育者在教育教学过程中，就会给受教育者带来经验，教给学生将教材中的知识联系与运用在实际应用中。布鲁姆指出，教育教学活动中有多重目标，其中在商务英语的领域对于教学目标进行的分类，是以认知为基础的，不光商务英语，还有其他很多种教学都是围绕着对于知识的认知，而非常忽视对于知识的迁移与运用，更没有对知识的创造与更新，并且仍以学习知识数量的多少评定学习的成果。

还有一个人们关注的重点就是关于受教育者的经验。商务英语不是随便一个会英语并且懂商务的人就可以教授的，其门槛非常高。教育者必须有非常扎实的英语功底，还要有英语专业知识和丰富的阅历。这就造成了我国当今社会中会商业英语的人很多，但是能够对商业英语进行实际运用、能对商业英语这门学科进行教授的人少之又少的局面。一个非常重要的原因就是，我国的英语专业人员在商务英语的实战经验方面仍存在一定的欠缺，并且这些英语教师在国际法、税务法等有关商业的法律及其他的商业知识方面同样有所欠缺。如果高校对于这种现象视而不见，就会造成严重的后果，学生只能学习到教材上的浅显内容，对于复杂的问题通常都得不到解决，对于简单的问题则不了了之。

二、“生本”思想指引下的商务英语教育

（一）“生本”思想的由来

1.“生本”思想的内容

“生本”是以受教育者为中心的教育思想，明确说明教育教学活动的中心是受教育者，同时强调知识的重要性并非知识的本身，而是知识给人们所带来的影响，是动态的知识建构的过程，知识的掌握并不是要求受教育者要对知识进行机械的解构，知识的掌握是使受教育者对动态的知识进行主动构建。所以，在平时的教育教学活动中，身为教育者一定要深入贯彻新课程改革的理念，以学生为中心，充分发挥受教育者本身的主体作用，给予他们新鲜的刺激，以更好地帮助学生学会知识。

2.“生本”思想的本质

“生本”教育思想的本质，就是以受教育者为中心，根据受教育者自身的发展情况与发展要求，充分发挥受教育者的主观能动作用，让受教育者了解到为什么学习，学习具有什么意义，会对个人的将来产生什么样的影响，进行有目的的学习。人本主义与建构主义是生本观念的中心基础，要求以学生为中心，让学生的知识技能与情感态度充分融入教育教学活动中去，尤其是在学习英语的时候，一定要充分重视学生学习时的情感，冲破“满堂灌”模式教育，让学生快乐地学习。

（二）“生本”思想的理论基础

人本主义是近代流行起来的一个理论，主要代表人物是马斯洛（Abraham H.Maslow）和罗杰斯（Carl Ransom Rogers）。人本主义认为，人类具有天然

的学习潜能，但是真正有意义的学习只发生在所学内容具有个人相关性和学习者能主动参与之时。个体在他们自身内部就有巨大资源，如果能提供一定的具有推动作用的心理气氛，那么这些资源就能被开发。

也可以说，受教育者的学习环境对于受教育者接受教育的效果起到了很大的作用。外部的良好环境，可能会促使受教育者自己学会学习，养成独立学习的习惯，激发学习的兴趣。一位优秀的教育者应该具备教育学、心理学方面的相关知识，对于受教育者的身心发展情况、学习兴趣与业余爱好等都要有一个良好的掌握，根据受教育者自身情况的不同进行有选择的教育，做到“充分挖掘学生的内在潜能，注重学习者个人的观点，尊重学习者的个性发展要求，强调学习者的个人价值，把促进学习者的全面发展作为教学的最终目标”。另外，要重视教师角色之间的转换。传统的教育教学活动中是以教师为中心、书本为中心、课堂为中心的教育，但是当代的素质教育要求要以学生为中心，充分发挥学生的主体作用，教师的角色转换为教育教学活动的引导者，而非中心。

（三）“生本”思想的角色转变

1. 关于教师的角色

教师不仅是对教育内容的简单教授，更是课程的管理者与开发者，是社区型开放的教师。虽然现代的素质教育、新课程改革与我们现在提到的生本思想都在强调以学生为中心，要突出学生的主体地位，但是教育者的作用，即教师的作用同样非常重要。例如，在学习英语的过程中，英语学习的情感过程是非常重要的，这就要求教育者既要掌握有关英语的专业概念，又要掌握学生身心发展特点等教育学方面的条件性理论，更要学会观察受教育者在课堂上的表现，以便更好地根据学生特点进行教学。

2. 关于学生的角色

学生是学习的主体，应该积极地接受一切有利于自身发展的教育教学活动，不论是实践还是理论知识，充分认识到学习的重要性，调动学习的积极性。具体到英语学习，教育者最根本的就是要充分调动课堂氛围，让受教育者在课堂上有所学，在课下有所复习，争做学习的主人。

“生本”思想的评价模式有着多元化与多样性的特点，应采取多种评价形式相结合的方式。总结性评价，之所以称为总结是因为要评价受教育者整个学期的学习效果，是一种对受教育者的分阶段的成果总结。形成性评价是在教学活动中进行的，如举手回答问题等方面，是在教学活动中如果遇到问题及时解决的评价，有利于提高学生的学习效率。若严格区分，这种评价属于过程性评价。还有一种是学生自己进行的评价，即学生的自我评价。这种评价是受教育者在学习到一定的阶段时，根据不同的情景，对自身存在的问题进行分析，或者依据每次考试的成绩进行的纵向比较。需要注意的是，此种评价是建立在学生自己的行为之上的，并不是横向的、众多学生之间的相互比较。

三、研究性教学理念

（一）研究性教学理念的概念和影响

研究性教学观念采用了先进的教学理念，否定了以无条件地机械认识知识为目的的教学理念，提倡以学生为主体、以教师为主导的教育教学活动模式，要求充分发挥社会及学校、家庭中的各种外部条件，以有利于教育者与受教育者的教育教学活动的友好进行。通过对外部情境的充分利用，使受教育者感受到教育内容与生活的实际联系，进而激发受教育者主动探索知识的欲望，从而为形成创造性的知识做准备，提高教育者与受教育者自身的素质，这是创造知识产生的前提。研究性教学理念不同于一般的理念，这种理念是以学生的主动学习与主动构建为中心的，强调动态的知识，鼓励受教育者对学习内容的探索，进而对知识进行研究与发展创造。

研究性教学的观点，一直将着力点放在学生身上，认为学生是学习的主人，要对学习负责任。

研究性教学有以下几个特点。首先，教学内容的传授一定要具有系统性，要根据受教育者的身心发展特点，进行系统知识与系统思想的传授。在教育教学活动中，教育者对受教育者进行实验式的教学，先由教育者提出问题，然后学生根据问题提出相对应的假设，培养受教育者的发散思维与创造品质，彻底改变呆板的教学模式。其次，重视受教育者的主体地位，以受教育者为教育教学活动的中心。在教育教学的过程中，强调受教育者多参与，发挥受教育者吸收知识、研究知识、创造知识的主观能动性。让受教育者根据教育者已经安排的任务开展小组讨论，而后在全班进行讨论结果的展示与总结，进而由受教育者总结出知识学习的主要内容，充分调动受教育者的参与积极性。最后，教育者还要根据受教育者的个体情况及身心发展特点，对其进行兴趣教学，在面向全体的全面发展基础之上，促进受教育者个性的发展。爱因斯坦说过："兴趣是最好的老师。"受教育者只有对教育者提出的教学内容产生了强烈的兴趣，才会对这些知识进行深入的研究，并注意观察生活中和这些知识有关的任何方面，勇于探索其中的奥秘。在对理论知识与实践知识进行联系之后，受教育者会产生更加热爱本身兴趣的情感，就会对学习内容认识更深刻，长此以往，就会形成良性循环，促使受教育者在已有的学习兴趣上进行更深入地研究与创造。

（二）研究性教育理念在高校英语教育中的应用

身为大学教授，一定要有个人的研究成果，在本专业的课堂上引入个人的研究或与本专业相关的研究，对学生进行相关的科学研究的教育，使学生意识到科学研究的重要性，激发学生研究的兴趣，进而勇于实践与创造知识。要积极推进研究性教学，提高大学生的创新能力。

（三）研究性教学和商务英语的联系

1. 创新教学理念

研究性教学要求教育者必须摒弃旧的教育理念，并对现代的教育理念有充分的认识，在深入理解的基础上进行实践。创新型教育教学要求教育者进行角色的完美转换，主要角色有教育教学活动的组织者、学生学习的引导者、校本教学的创造者，总之，教育者与之前的身份已经大不同。这就要求现代的教育者利用开放的眼光来看待世界，用开放的观念来面对自己的学生，使学生学习到良好的知识与做人做事的思想，增强自信心，提高素质，被现代社会所接受。另外，教育者还要将课堂上所要讲的内容理论联系实际，鼓励学生对同一问题发表不同看法，培养学生的发散思维与内在品质，勇于对权威知识提出批判性的观点。研究性的学习，是非常严谨的学习，要求教育者要对这个理念有深入的理解，并且有扎实的教育教学基本功，同时要具备教育学、心理学等相关的条件性知识，能够对学生进行深入剖析，运用相关的理论，然后再联系实际进行问题的解决。在整个教育教学活动中，教师和学生的关系是良好的学习效果的基础。因此，现代的教育者要主动努力构建这种关系，并且在课堂中与学生进行讨论，培养学生善于讨论的习惯，增强研究意识和创新意识。

2. 对教材系统进行改革

当今社会是信息化的社会，因此，对于英语的学习也一定要信息化，用全球化的眼光来看待世界，不能拘泥于书本教材，所以增加新兴的元素很有必要。例如，在教材上的重难点或者问题模块加上二维码，既增加了学生学习知识的趣味性，又加入了新型元素。我们都知道，英语本来就是外语，因此，适时进行教育实践是实现英语教学的最好方式。现在，很多大学都聘用了外教来教地道的英语，或者引用原汁原味的英语音频资料来进行教学，这就促使中国的英语教学产生了较大的变化，在一定程度上得到了完善。

3. 将评价制度进行改革

当代社会所提倡的研究性学习，是以学生为中心的理念，面向全体学生进行全面的发展，重点发展学生的个性，培养学生的创造性思维品质，因此，关于评价方式的变化也是必然会发生的。为了适应社会，对受教育者进行综合的评定时，评价方式的多样化与多元化起着重要作用。在评价过程中，教育者不仅要对受教育者的学业成绩进行评定，还要对学生的精神与体质等方面进行综合评定。

第三节　商务英语的教学模式

一、商务英语教学方式阐述

（一）培养目标

与其他专业相比，商务英语专业培养目标具有独特性，通俗地说，商务英语对于人才的要求是非常严格的，甚至是苛刻的，它不仅要求学生对英语的基础知识有一定掌握，还要求学生对基础知识进行联系实践的运用，尤其在商务方面，受教育者并不是只要掌握了关于商业交流的专业词汇就可以的，还有许多具体的礼仪等商业中潜在的现象要进行掌握，因此，受教育者在掌握基础知识以后，再进行具体实践是最好的方式。

（二）课程设置、教学内容和教材建设

1. 课程设置

我国一般高校的商务英语学科知识和能力构成涵盖四个知识模块，主要包括关于语言知识与技能模块、商务知识模块、跨文化交际能力模块和人文素养模块。其中，语言知识与技能模块主要包括语音、词汇和语法知识；商业知识模块主要有经济管理等方面的知识和商务技能等；跨文化交际能力模块主要包括跨文化思维能力、跨文化适应能力和跨文化沟通能力；人文素养模块主要包括政治思想素养、创新思维和中外文化素养。高等学校商务英语专业的课程设置中，四年的专业课程总学时不低于 1800 学时，各学校在教育目的、培养目标及校本课程的安排和外部的教学环境等方面都有着非常精细的安排。

2. 教学内容

各课程开课的比例大体为：语言能力课程占 50%~60%，商务知识课程占 20%~30%，跨文化交际能力课程占 5%~10%，人文素养课程占 5%~10%，毕业论文（设计）和专业实习、实践不计入总课时。与其他专业相比，商务英语专业课程设置、教学内容和教材建设具有特殊性，相关建设在不断完善中。

商务英语由于和普通的英语有着很大的区别，因此，商务英语在教学内容、教学形式与教育教学活动中的方法与原则等方面存在独特性。比如，在教学内容方面是关于英语的教学和商业的教学，所以这门课程的主要活动方式就是进行实践或者在课堂教学中进行实际情景的模拟演练。总之，要让学生充分参与

到学习的活动中去，进行大脑之间思维的碰撞，从而在实践活动中学会观察商业中的潜在现象或者解决一些困难问题。

3. 教材改革

近几年，我国在陆续编纂与学科发展相应的书本教材，出版了商务英语的综合教材，还出版了关于商务英语实践的课程，以填补在商务英语的教学中重知识轻实践的空缺。另外，在高校的课程培养方面也进行了系统化：以英语的听、读、写为基础，将大量课时放在基础的学习上，再将其他课时用于商业方面的英语知识的深入学习，总之，第一年的教育是以英语与商务的基础知识为基础的教育。当学生对于基础知识已经掌握得得心应手以后，学校会根据大部分学生的情况，开设商务英语的综合课程，并将之列为必修课。将某些拓展的内容，或者一部分学生想发展的方向同样进行课程的设置，列为选修课，使学生拥有个人的业务特色，以更好地融入社会中，使学生全面且个性的发展。在第三年的学习过程中，要加入实践课程。由于前两年对于知识的掌握及对于技能的掌握都已经非常熟练，但是对于理论联系实际的方面还有很多欠缺，所以在今后的教育教学活动中，重点就是让学生学会理论联系实际，对所学的知识进行实际运用，让学生在实际运用过程中熟练地掌握知识。

商务英语的学习层次多样。首先，在本科学段，对于基础知识的掌握是专业教学的重中之重，是商务英语教育教学的根基，只有打好了基础才能进行深层次的学习。其次，使英语与商务相结合，提高受教育者学习的整体素质。在第二年的时候，主要以英语与商务的拓展内容为主要学习目标。第三年的时候，学生学习的主要内容就是有关商务的专业知识了，毕竟商务方面的知识是非常重要的。同时要注重实践能力的培养，并且让学生提升实践能力。例如，英语的写作与翻译的能力在实际的商业合作中是至关重要的。最后一年就要让受教育者进行论文的写作，这也是受教育者对大学四年学习的总结，主要内容有国际贸易、金融、企业管理、文化等方面。

总之，与平时的一般英语教学相比，商务英语教学在受教育者的培养规格、学科的设置和教材的选用等很多方面都有着很大的不同。举例来说，商务英语既强调了基础教育的重要性，让学生在一般的英语技能基础之上进行学习，又强调了商务英语离不开教育的实践，要求学生将商务英语的理论运用于实践，学会解决实际存在的问题。另外，商务英语课程与普通的英语课程存在着很大差异。商务对于基础的英语语言课程方面，是占主要部分的，对于商业的方面，也占了 1/3 的比重。因为课程的不同，所以在教育教学活动的方法与原则方面也是不同的，尤其是在课堂上一定要用英语进行交流。当然，由于商务英语在众多方面的特殊性，就必然要使教育人才具有多方面的高素质，因此，复合型师资队伍建设成为主流。

（三）商务英语师资培养

目前，商务英语专业的授课教师在我国分为三个主要的类别。第一类是专业教授英语语言类课程的教师，他们没有任何商务专业知识背景，完全是英语语言背景的英语语言文学教师。第二类主要是讲授商务英语类课程的教师，这部分教师有着不同的背景，较为复杂：一部分是没有任何商务专业背景，一部分是英语专业毕业后进修的商务专业知识，或者进修一些经济学等其他相关专业方面的知识，还有一部分是在本科时期主修英语专业，在研究生时期主修商务、经济等方面专业的教师。第三类为讲授商务专业课程的教师，这类教师以非外语专业背景下的商务、经济管理专业的教师为主。

商务英语教师为了满足商务英语专业人才培养和学科自身性质特点的定位，必须具备较强的英语语言专业知识，必须在经过系统学习、培训后，较好地掌握专业技能，具备英语教师的基本素质，同时具备商务专业知识技能或者有过商务实践经验，能够熟练掌握商务专业知识。由此分析认为，更适合从事商务英语教师的人是具有一定商务专业背景的英语教师，这部分教师具有熟练的英语教学经验，也掌握了一定的商务专业知识。当教授课程的教师是专业商务教师但使用中文授课时，即便是使用英语授课，也会因为语言质量和效果不理想，而无法胜任专业课程的教授。

目前，国内各高校的师资力量悬殊较大，在一些财经类、外国语类学校具有较强的商务英语专业师资力量，其教师大多具有商务知识基础，从事商务英语及商务专业类课程，综合水平较高，教学效果显著，有利于人才培养。但相较而言，这类学校整体数量较少，国内大多数学校缺乏这种复合型商务英语教师，只能由专业英语教师教授课程。由于缺乏商务专业知识，教学过程仅仅是沿用英语专业的授课方式，导致教学质量偏低，教学效果欠佳。这是目前商务英语师资队伍面临的一个较为严重的问题，这个问题不仅关系到专业人才的培养问题，也对学科建设及专业学科发展产生了重要影响。商务英语教师必须具备一定的商务、经济等相关专业基础。为了缓解商务英语教师队伍力量不足这一问题，高校应加强师资力量引进，同时针对现有教师队伍选拔有资质的教师进行商务、经济等相关专业知识的培训与进修。有的高校与国外高校合作，选拔优秀教师去国外进修、培训经济管理类专业知识，以提高教师的专业基础，使其更能胜任商务英语教学工作。

商务英语是英语语言学与国际商务相结合而形成的一个边缘性语言学科，具有交叉性、复合型、应用型等特征。过硬的英语语言基础是商务英语专业主要的培养目的，即培养具备良好的人文素养，系统的国际商务知识，较强的跨文化交际能力的应用型、复合型商务英语人才。

商务英语的专业属性仍是英语语言学，而非经济学、管理学等其他学科。商务英语专业的具体培养模式（如课程体系、教学内容、教学手段、评价模式等）必须强调商务英语的“英语本色”，商务英语教师也主要归属于英语语言学学科，这是该专业教育最为根本的原则性问题。如果片面强调经济学、管理学等其他学科的知识体系，忽视英语教学的自身特点和规律，商务英语专业就会失去应有的特色和活力，甚至蜕变为其他商科专业。

（四）商务英语教学管理机制

目前，多样化的商务英语教学管理机制可以分为以下四个方面，即商务英语课程组、商务英语教研室、商务英语系和商务英语学院。这只是单纯地将商务英语视为一门课程而不是一个完整的专业管理，商务英语从属于学校英语系或者外语系，不设立专门的院系。比如，商务英语课程组或商务英语教研室，主要是以专业知识教学为内容的课程组；商务英语系管理机制采用的是将商务英语作为一个专业开设，不附属于任何专业，直接归属于学校的外语学院、英语学院、商学院等学院管理，该专业复制商务英语的专科及本科教学，旨在培养高素质专业人才的管理；商务英语学院管理机制适用于单独开设商务英语学科，不是一个专业，该学科作为独立的学院，直接归属于高等学校管理，视为二级管理机构，主要负责商务英语学科的发展、教学、招生等全面管理工作。

目前，在我国高校内普遍存在商务英语系管理机制，而极少有商务英语学院管理机制，并且这样的学院叫法各不相同。有的叫国际商务英语学院，有些则称为商务外语学院或应用外语学院。

二、商务英语教学模式具体分析

商务英语课程是商务专业知识和英语语言技能完美结合的学科，这就对商务英语教育者提出了较高的要求，即在掌握商务专业知识的同时，必须擅长英语语言教学，培养学生的英语语言表达能力。显然，传统的教学模式无法满足新兴商务英语的教学要求。为了能够更好地完成商务英语的教学任务，商务英语教师一直致力于追求更适合的教学模式和方法，旨在达到商务英语的教学目的，实现预期目标，完成教学任务。

（一）商务英语教学模式存在的问题

商务英语教学的飞速发展主要是受到世界经济快速发展的影响，日益增长的国际贸易交往需要大量高素质的专业技术人才，迫使高校加快了培养商务英语专业人才的步伐。但是，从整体形势分析，商务英语教学中还存在一些问题。第一，目前，很多高等院校都开设商务英语专业，但国家有关商务英语没有统一的教学大纲，导致各高校的教学内容、教学计划、教学方式各不相同，差异较大，没有统一的教学资料，没有权威的教材，很难找到有关商务背景下的实例型辅助教材，如公司年度汇报、会议纪要、纪录片等。第二，从师资力量上看，高校的商务英语教师大多数是英语专业教师，没有商务英语教学经历，对商务英语的教学真实情况了解甚少，都是采用传统的英语教学模式开展商务英语教学，这种模式势必造成教师和学生之间双向被动的局面，以致能够采用英文教授商务、经济、金融等专业课程的教师少之又少，根本无法满足全球日益激烈的商业竞争需求。第三，从实际应用角度分析，教学质量严重影响了学生对书本知识的学习及其与社会实践的有效结合。

具体来讲，传统的教学模式是大班授课方式，普通的英语教学大多采用这种模式，但是这种模式并不适用于商务英语，商务英语更适合采取小班授课的方式。然而，许多高校并没有注意到这一点，教师也多根据专业需求调整授课方式，这便给在教授商务英语时，教师和学生之间的沟通和交流增加了难度，难以实现多维互动。

在教学设施方面，现代化的教学设施配备能够有效地提高商务英语的教学质量，使商务英语教学更加直观、有效、便捷，更能够激发学生的学习热情。然而，现在各高校虽然有多媒体教室，但是数量有限，加之维护不及时、不到位，常常出现有限的多媒体教室资源不能得到充分有效地利用，商务英语教学多数依靠黑板，学生学习采用录音机等情况。另外，教师对计算机辅助语言教学（Computer Assisted Language Learning，简称 CALL）这一外语教学新趋势的认识和了解程度不够，无法切实有效地利用现有的教学资源开展教育。因此，商务英语教学如何有效地利用互联网资源，利用远程教育实现资源共享等成为商务英语教学迫切需要解决的问题，这也是商务英语现代化教学的转折点和突破口。

（二）商务英语课堂教学模式的改进对策

一般来讲，通过解决问题提高商务英语教学质量和改善现实情况，主要可以采取调整教师队伍的综合水平，提高整体素质，完善细化商务英语教材、教学资料、硬件设施等方面。但更重要的是，要改善商务英语的课堂教学模式，寻找更适合商务英语教学的方式，以达到教学目的。

1. 传统普通英语教学模式下的商务英语课堂教学模式与交际法相结合

中国传统教育模式一直在课堂教学中占据主导地位，在现代教育过程中，教师要在适当的时候保留那些传统教育中适合学生学习的方法，尊重那些长期保留下来的学习风格和习惯。虽然现代教育从小学甚至幼儿园就开始学习英语，但商务英语是从大学开始系统学习的，因此，商务英语知识还相当贫乏，需要教师在传统教育模式下系统地学习商务英语基础知识，开设专门的针对基础知识的课程，如针对一些基本概念、贸易术语、基本理念、商务专业词汇等进行讲解的课程，让学生对商务英语有更加全面、详细的了解。这种教学就是以教师为中心开展的全面、详细的专业商务英语基础知识教授过程。要想在商务英语教学上有所突破，必须在学生有了一定的商务英语专业知识储备的基础上，结合商务、经济实践教学中的交际法，着重培养学生的实践运用能力，将商务英语专业知识熟练运用到实践中。

在商务英语中语言的作用不容忽视，重形式轻内容、只注重语言系统知识学习而忽视实际应用学习都有弊端。商务英语实践主要体现了语言在交际中的作用，所以商务英语需要采用交际教学法，将专业知识与商务交际能力相互交织、完美结合。这就对教师提出了更高的要求，在教授商务英语专业知识的同时，还要教授如何将专业知识运用到商务交际的实践中，运用交际法，培养学生的商务交际能力，根据商务英语的可操作性和实践性，开展形式多样的课堂内容，如案例分析、模拟操作、单证制作、商务洽谈等，这些课堂主要以学生为中心，以讨论为主要形式。

2. 商务案例教学模式与学生体验性学习相结合

当学生掌握一定的商务英语专业知识学习时，开始进行商务案例教学。这部分教学是模拟实际现场开展的一种教学方式，教师精心准备和策划，还原案例现实情况，将学生带入典型的商务案例情境中，进行现场案例分析，让学生将商务英语基础知识经过独立分析思考，运用到案例实际分析中，锻炼学生独立分析、解决商务问题的能力，同时培养学生的团队协作能力。这种教学方法需要遵循两条规则：第一，以典型案例为教学依据；第二，让学生通过自学和相互交流学习积极参与到整个教学过程中。

在现代社会，全球经济化速度逐渐加快，各国经济突飞猛进，市场竞争日益激烈。在这种形势下，经济型人才的优势得以展现，尤其是知识型人才在市场上发挥作用。为了适应市场人才需求，大学教育逐渐开始将案例教学作为一种模拟实际的教学方式，其真实性、有效性、务实性尤其凸显，可以有效地将专业知识运用到实际行动中。

商务案例教学模式是教师运用典型案例，组织学生分组讨论、分析，通过小组协作，最终实现解决问题的教学目的。这样做可以调动学生的积极性，使学生成为教学活动的主体，实现独立学习、集体协作、团队合作的学习方式，形成探索性、研究性、互动性的学习氛围。商务案例教学重点在于培养学生自主分析问题、逻辑推理、运用所学的商务专业知识解决实际问题的能力，是对传统教育模式的升级。在教学过程中，教师引导学生自主熟悉相关商务信息和资料，并对收集到的信息和资料进行分析，这有利于提高学生自主学习能力和抓重点分析问题的能力，同时通过分组协作，有助于提高学生的交流、沟通、合作能力。在商务英语教学过程中，体验性学习要求学生自己动手。要想获取感性的材料和经验，就必须与案例教学相结合，以模拟操作的形式进行，如商务谈判、贸易制单、商务会议、国际会展等。另外，商务英语教学的最终目的是让学生能在实际商务交际过程中展现自身能力，因此，教师应创作更多的机会让学生可以现场观摩、考察及实践，如可以与海关、海事局、商检局等单位联系，为学生安排实习基地，让学生在实际操作中有切实的认知和体会。

3. 学习效果评价与人才培养相结合

检查商务英语教学质量主要是通过学习效果评价来实现，同时检验商务英语专业的人才培养质量。商务英语人才培养采用软硬两套指标，作为衡量商务英语专业的人才培养质量的标准：硬指标指的是商务英语专业的基本知识和技能；软指标指的是在掌握硬指标的基础上，提高和拓展学生的综合素质。硬指标主要包括商务专业知识和技能、英语专业知识和技能等。其中，英语专业知识和技能占 60%~70%，商务专业知识和技能仅占 30%~40%。软指标主要包括国际视野、研究能力、创造能力、修养素质、跨行业交际能力等方面的素养。评价学生学习能力的主要标准是对每一门课程的平时和期末测试。因此，应科学合理地进行测试，尤其应采用能够最大限度地反映专业人才质量的相关指标的测试方式、范围、题型、难易程度等。其实，其他专业也有很多值得借鉴的测试方式。比如，检测英语语言能力，可以通过英语专业四、八级测试；检测商务专业知识可以通过一些商务类的资格证书考试，如国际商务师等。总之，高校应通过软硬件两部分综合测评学生的学习效果，做到科学、合理、有效地培养专业技术人才。

第四节　商务英语的教学设计

一、教学设计的含义及特征

教学设计并不等同于教案，这是必须明确的一个问题。因为它是一项系统性的工程，涉及教学目标、教学对象分析、教学内容、教学方法、教学评估等方面，不仅要考虑到学习者的年龄、层次和基础水平特点，还要考虑到师资及教学软硬件等因素，所以教学设计应具有指导具体实践的可操作性。

教学设计是根据教学的实际情况合理安排教学时间，根据教学对象和教学目的优化教学方案，合理安排教学顺序。提高教学质量和效率是教学设计的根本核心，以确保学生能够在有限的时间内掌握更多的知识，全方位提高学生的综合能力，使学生在进入社会后能有更好的发展资本。因此，教学设计的宗旨是解决教学过程中存在的问题。具体而言，教学设计具有以下特征。

第一，教学设计是利用教学素材和活动体现教学原理的过程。教学设计不能离开基本规律和明确的目标，以便更好地解决教什么的问题。

第二，教学设计通过合理的计划、安排、决策等达到教学目标，解决如何教的问题。

第三，教学设计要有系统的指导方法。在教学设计中，各要素相互关联被看作一个整体，通过分析了解教学需求，确立优化的教学流程，解决教学中的问题。

第四，教学设计有利于提高学习者获得知识、技能的效率和兴趣。教学设计是科学调研并创新实践的结果，应当运用系统科学的方法设计出一套操作性强的程序。

二、进行教学设计时要考虑的问题

进行教学设计需要考虑的环节众多，可以视情况的不同进行调整。通常包括以下几点：

第一，学生的学习需求；

第二，学生的水平层次分布；

第三，不同的学习方式；

第四，学生对教学手段多元化的需求；

第五，不同的商务技能领域。

在以上五点中，学生的学习需求为重中之重，对这一点的设计和考虑要慎重、详细。除以上这些考虑要点以外，教师还要设定好教学目标。目标设定力求确切，适宜分成多个阶段性学习目标，一来便于学习者理解，二来便于教师进行阶段性评价。教学目标通常用以下方式表达：学习者将会在何种学习环境下，进行何种学习活动，达到何种水平层次等。教师也可让学习者写下自己的学习目标，并与其讨论该目标是否可行，然后将具有可行性的目标并入课程教学目标中。

由于商务英语的特殊性，通常很难精确地用语言描述需要达到的沟通技能层次，而且这些技能往往难以量化和衡量。在这种情况下，可以把学习者将会习得的、在典型语境下的沟通行为写入目标中，如深入了解不同种类的谈判，懂得常用策略和技巧，积极倾听谈判双方的发言，在适当时机确认信息或总结发言等。也就是说，教学目标不仅要写明学习者将会学到什么，也可能通过学习改善学习者的一些处事习惯。

而通过需求调查来进行教学目标设定可能会给商务英语课程带来一些挑战。如教师在不十分了解学习者的情况下无法判断所设定的目标是否能达到，学习者的学习目标和教师设定的初始教学目标相去甚远等。这些情况发生后，教师要积极和学习者进行沟通，并可通过协商，对教学设计进行一定程度的调整，同时要求教师提前做好不同内容的教学活动准备。

三、学生需要学习的内容

在确定好教学目标之后，可以开始进行教学大纲设计。教学大纲是对教学包含的一系列内容及其顺序的列表。进行大纲设计的原则是习得特定商务语境下所需语言能力，而非粗浅了解。这是由于多数商务英语学习者需要在特定场合下进行沟通，因此，大纲中需要反映出这些沟通场景及技能。在进行大纲设计时，教师要利用从需求调查中获取的信息，归纳出最有助于学习者沟通的常见语言形式，并计划好这些形式的学习方式和学习顺序。就学习方式而言，教学设计需符合学习者的初始语言水平，并持续足够的时间以帮助学习者习得该知识；就学习顺序而言，大纲要能展现整个学习框架，将语言点按从易到难的顺序排列，各部分合理分配时间，内容要契合学习者的需求。常用的商务英语教学大纲形式相对固定，主要包括以下内容：

语法（时态、词序、动词形式、关系从句等）；

词法（词汇、成语、表达形式、习惯搭配等）；

句式（从句、反问、虚拟语气等）；

发音（语调、押韵、重音、语段等）；

功能用语（抱怨、赞同、劝说、解释等）；

商务技能（演说、谈判、电话、交际等）；

商务话题（金融、营销、制造、管理等）；

学习策略（学习方法、词汇记忆、测试准备等）；

商务场景（协助访客、酒店入住、主持会议等）；

语言技能（提升听力及理解能力、高效阅读并理解、英语写作、有效口语沟通）；

跨文化交际技能（文化理解、文化比较、认知活动等）；

任务安排（学习者使用英语完成任务并获得预定结果）。

在没有固定教材的情况下，要想预先决定教学内容，并根据不同学习者的语言经验来调整教学内容是相当困难的事情。因为每一位学习者在语言学习的过程中，或多或少都会有不同于其他人的目标，想满足每一位学习者的需求和兴趣，基本是不可能完成的任务。由于上述原因，教师应该有效组织课堂教学，从而使学生可以在以教师为中心的学习（按教师的兴趣操控课堂）和学生自主学习（学生学习自己最感兴趣的内容）之间自如转换。

四、教学设计实用性指导

在设计时,教师需要检查一下自己的教学设计是否可以完美地回答以下问题。

有多少教学课时？

学生需要在此时间内学到什么？

是否要为听、说、读、写四个技能平均分配课时？

应该以哪种顺序安排教学要点？

在课程结束时，对学生有怎样的期望？

在安排定期复习时，该如何避免使学生感到枯燥？

所使用的教材有哪些缺陷？

该如何补充素材以弥补这些缺陷？

在教学中会采用哪几种课堂活动？

对教学内容的组织可以有不同的方法。方法之一是将简单的项目前置，如可以先讲授简单的语法时态再讲复杂的句法，先讲商务电话的句型再让学生进行电话角色扮演。方法之二是把学生熟悉的场景前置，熟悉的场景是指学习者在日常工作及生活中习惯使用英语的场景。方法之三是按照需求的强弱排列，若课程时间较长，通常将最为重要的内容前置。这一排列原则对于不同职业的学习者有不同的安排，如对于管理者而言，宜优先掌握谈判、会议主持、演讲等技能，而对于销售员而言，则要优先学习社交、劝说性语言技巧。将教学内容进行组织排序，不仅有利于确定阶段性教学重点，且由于不同话题往往对应不同的语言点，因此，排序之后也有利于平衡语言知识的习得。

也可以将整个教学过程划分为不同的教学模块，每个模块分配不同的教学目标和教学时长。这些模块可以具有相对固定的教学模式，并可以使用不同类型、形式灵活的教学活动来满足特定学习者的需求。商务英语教材中常常分为不同的单元，单元之间形成逻辑性联系，可以遵循一定的顺序进行教学，而商务模块不同于教材中的单元设定，各模块之间相对独立，可以任意组合形成侧重点不同的课程，如特殊沟通技能课、经理人沟通技巧课、国际贸易人员写作实训课等。从需求调查辅助课程设计的角度看，模块设计更符合商务英语教学的要求。

教学协商并无时间限制，随着教学的进行，若有需要，师生可以重新协商教学内容。有时由于受到教学设备、材料和教师本身经验的限制，预期的教学方式会受到一定程度的影响，在进行协商时，教师可以适当引导协商向既能满足学生需求，又不超出教师教学能力水平的方向发展。例如，教师可以让每位学生写出自己希望学到的知识和不需要再学习的知识，然后通过交换信息的方式让大家了解彼此的想法，讨论出一个集体性的教学方案；也可以在需求调查表中列举出本课程可以提供的教学内容及活动让学生自主选择，并允许学生根据不同的教学内容添加自己感兴趣的项目及教学活动。

五、教学材料的选择和拓展

（一）教材的选择

教师可以根据学习者的需求和学习目标进行商务英语教材的选择。由于教材具有相对固定的教学框架，为教师备课提供了便利，尤其在时间有限或教师经验不足的情况下显得更为有利。常见的商务英语教材中有确定的教学内容及教学法，具有较强的专业性，并有配套的教师用书、音视频光盘、补充教学材料及学生练习册，这些也为教师提供了很多便利条件。

然而，直接选用教材进行商务英语教学具有一定的局限性。首先，在迎合学习者需求方面，很少有教材能百分之百契合学习者的需求，教学中通常需要额外补充材料，或对教材内容做出局部调整；其次，教材中的内容是相对固定的，而现实社会中的热点是不断变化的，教材中的某些教学方式或素材在一段时间后就不能再适应教学要求了。

为了应对这种供需衔接问题，近年来有些出版社开始进行一些调整，如把教材内容分块，浓缩成核心内容突出、内容简短、专业性更强的商务英语系列丛书，辅以补充性材料书籍以供师生按需选择，也可以用于自学。这样的调整增强了教材本身的灵活性，为商务英语教学提供了更多便利。

教材选用时需要考虑到素材的真实性。教材的用语是否原汁原味，是否需要根据教学要求做出局部修改、简化，以强调某种句型或词汇？不同的教师可能对此有着不同的看法，这主要取决于他们的教学重点及教学要求。教材中设计的活动是否具有现实性？学习者是否认同这种现实性并按照真实的情况来做出反应？教学的重点是语言技巧还是商务结果？这些可能都是教师在选用教材时需要考虑的因素。

选择教材时还需要综合考虑以下因素：学习者的沟通及学习需求、教材内容的覆盖面、教师用书中教学法的运用、教学内容的组织方式、沟通技巧及语言点的覆盖面、素材的新旧程度、单元化还是模块化排列、教学内容是否具有一定的灵活性（能够重组）、课文及音视频是否具有真实性、用语是否地道、课文难度是否符合要求、课堂活动是否实用、能否满足学习者应对考试的需求，等等。

教师对教材的评价不仅局限在课程开始前，在教学进行过程中也可以记录对教材的优、劣势的评价，并收集学生对教材、练习的具体意见，为下次的教学活动打好基础。

（二）根据需求定制教学内容

有时候教师需要根据学习者需求定制全部教学内容，或定制部分内容作为教材的补充。随着教学经验的增加，教师积累了大量素材，就可以灵活选择，以满足学习者的不同需求。这种教学素材的定制通常是对以前教学内容的调整、重组，以适应当前学习者的语言水平及沟通技能要求。同一性质或内容的素材，可以在保持基础框架不变的情况下，对背景、要求和词汇进行调整，以应对不同情况。

教师定制教学内容的优势在于更具针对性，可直接解决学习者的问题；部分内容可以重复使用，且教师在选编素材之后也获得了新的知识技能。缺点在于备课的时间较长，且对教师编写材料、处理文字及设计图像的技术要求较高；

有时由于所用素材过于特殊化和小众化，可能会导致该教学内容使用次数有限。

定制教学内容通常要经过一系列步骤：首先，分析学习者的需求，确定教学重点；其次，整理语言点，制定教学法；再次，搭建教学框架步骤，穿插教学活动；最后，进行教学试讲，思考评价方式。在具体操作中，教师不需要从头到尾进行每一个步骤，只需要对已有的材料进行调整来适应新的情况。教学素材的收集整理花费的时间较多，只要平时注意积累，有一定教学经验的教师便可以掌握大量的材料，更可以利用网络的便利性获得近期的商务材料，从而大大缩短这一过程。

（三）使用学习者提供的素材和真实素材

教学中可以从学习者身上收集到一些素材。

一种收集方法是和学习者进行目的明确的英语交谈，将对话背景设定为典型的商务情境，如会议、电话等，让学习者回归自己在日常工作中的角色，通过提供关键语言点并经过多次练习，将成熟的、具有一定参考价值的对话进行录音。这一过程既给了学习者不断提升语言熟练度和专业性的练习机会，又让教师收集到了一份质量有保证的语音素材。

另一种收集方法是教师设定学习任务，并列出教学框架，其中包含图形、大纲或者关键词，学习者在完成此任务的过程中需要提供特定商务环境中的语言，从而起到收集真实素材的效果。如可以设定以下任务：提供或解释本人下周的工作计划，画出或解释所参与的工程进度表，画出饼状图并解释本人一个工作日内的时间安排，描述本人供职公司的应聘流程，描述本人所在企业的生产工序，以本人为中心画出人物关系图并解释工作关系，列出演讲大纲及关键词并进行演讲，以本人所在企业的两个真实产品为例进行异同及优劣势比较，画出本企业组织结构图并解释，等等。以上这些素材既可以是文本，也可以是音视频，这些素材不但易于制作，包含语言侧重点，而且内容有针对性，不局限于学习者的语言水平，形式上既可以作为教学活动开展素材，也可以作为教学内容素材收集。

教师获得真实材料后，还需要对其从语言层次、语法要点、涉及的商务领域等方面进行编辑调整，这样加工之后的材料才能适用于更多的学习者。常用于课堂教学的真实材料包括以下类别：信函、会议记录、备忘录、电邮、合同、报告、公司宣传手册、演讲稿（或PPT）、语音留言、音视频对话、电视广告、产品营销短片、企业网站及内网资料等。这些材料有可能本身是英文的，也有可能需要经过翻译。如果学习者能提交自己翻译的材料，则翻译的过程也是一个很好的语言训练过程。即使提交的材料是非英文的，教师也可以从中选取具有代表性的内容，让学习者以小组形式合作翻译并向全班同学解说，从而锻炼学习者的口语输出能力。

文本形式的真实材料可以用于以下课堂活动中：阅读（速读、略读、归纳、简答）、填空（将核心词汇从句中移出）、从标题推测内容、打乱后排序、根据来函写回函、学习常用词组、改写并优化文本、文本格式学习、口语模仿重现、图表描述、工作流程理解等。

通常语音材料更为实用，教师可以进入企业获得对话或会议录音，也可以在课堂上录下学习者的角色扮演、师生之间的电话交谈等。语音材料可以用于沟通技巧、用语、语法的学习，也可以用于听写练习及沟通策略学习，而视频材料还可以提供特定语境下的用语学习。

真实材料不是为教学使用而专门制作的素材，在商务英语中，这些材料往往是真正的商务文件、报刊文章、会议录音或工作对话等。教师可以借用一些企业的资料或主动去企业收集资料，还可以让在企业供职的学习者协助收集。这些素材是在商务环境中产生的第一手材料，非常适合作为商务英语教学的材料。实际上，很多成熟的教材中也广泛使用了真实材料。其优势在于将学习者和商务领域的距离拉近，使得学习者身临其境，学到真本事，同时使教师从侧面了解到了学习者的真实需求。

以真实材料作为教学内容的缺点也很明显。首先，材料具有真实性也就具有一定的商业敏感性，这类材料较难获得。其次，教师如果依赖学习者将工作中的素材带入课堂，结果可能会不太理想：一来职业人士工作节奏紧张，难以抽出时间进行录音、录像或收集文本资料；二来作为学习者，他们有可能对自己的语言或沟通技能信心不足，羞于将工作中的自己展现给其他同学；再者，有些人的工作内容并不契合教师预期的语言范畴或该阶段的教学重点，非英语母语的学习者在工作中更是很少使用英语。

第五节　商务英语的教学评价

一、教学评价体系概述

（一）评价体系与教学的关系

教师和学生在教学中分别有不同的职责扮演不同的角色。第一，教师在教学过程中扮演领导者和组织者的角色，具有主动性和能动性，并且教师都是具有专业的教育技能和科学文化知识的；第二，学生是教育的对象，教师需要全面了解学生的情况，促使其转变角色，全面发展；第三，教师既是主体也是客体，必须不断提升自己，做到教学相长，以更好地完成教书育人的工作；第四，在学习过程中，学生是学习活动的主体，他们将教师视为学习和了解的对象，并不断完善、发展、提升自己。由此可见，帮助教师和学生认识自己的教学或学习状况，必须合理使用恰当的评价体系。教学评价是教学的重要环节之一，具有导向、刺激等功能。全面、科学、公正的教学评价体系对于实现课程目标意义重大。

（二）传统的英语教学评价体系

传统的英语教学评价主要以纸笔考试或标准化考试为手段，是一种终结性评估模式。这一评估模式的弊端是：评估过程和教学过程相脱离，单纯考查学生知道什么，而不是学生能做什么。这使得有些教师为了追求考试成绩，忽视了教育的真正目的是培养学生的创造力和自主学习能力。这就可能使学生产生焦虑、紧张的情绪，导致学生学习更加被动，学习效率也降低了。

为了消除传统评估模式的弊端，防止出现高分低能的现象，教师会将平时的课堂提问成绩、作业成绩作为参考，再综合最终考试成绩，给学生打出一个相对客观的成绩，但评价仍是以教师的主观判断为主，因为教师能够掌握学生的学习进展情况。对学生来说，他们对自己的语言掌握和应用能力的了解比教师更为深刻，他们之间通过沟通和交流所掌握的信息比教师更为丰富。所以，应该将教师评价和学生评价有机结合。

二、教学模式评价体系

（一）形成性评价

形成性评价是教师在教学过程中对学生学习情况的及时反馈。即教师记录并评定学生在学习英语过程中所展现的态度、兴趣、参与度、语言发展状况等。这种反馈可以帮助学生及时发现问题、纠正错误，同时能给教师的教育活动提供及时有效的帮助和指导。教师和学生可以通过评价更好地认识自己，发现问题，解决问题，提高自己。

形成性评价的优势在于能够使教师全面了解学生的学习情况，对症下药，促进其学习进步。从学生的角度分析，学生在学习过程中既锻炼了自己的能力，又从老师的反馈中发现了自己的短板与不足，从而变被动接受为主动参与，提高了学习积极性。总之，在形成性评价教学过程中，改变了过去以教师为单一主体的情况，学生也成为教学活动的主体，教与学的过程得到了统一。

（二）终结性评价

终结性评价是在学期末或课程结束时，总结、概括一个人成绩的评价方式。终结性评价的目标以结果为导向，以数字形式对学生进行评价和比较。终结性评价能够有效地检测学生知识的累积，但是无法反映学生的学习能力和潜力。终结性评价的作用主要是在课程结束时检查学生的学习水平，它是建立在学习经验的积累上的评价手段。考试本质上只能表明学生在考试时所掌握的知识，不能反映学生的整体学习能力，也不能预测学生未来的潜力，只能作为学习过程中一个片段的反映。对于学生来说，终结性评价就是以分数来反映自己的学习情况，但这一反映并不全面，分数不能完全反映学生的能力和发展潜力这两方面的状况。

（三）商务英语教学与形成性评估体系构建

根据商务英语专业的教学目的，借鉴大学英语教学评估体系的利弊，下面笔者提出几点关于商务英语专业评估体系的构建建议。

商务英语专业旨在培养德、智、体、美全面发展的，涉及进出口贸易和其他活动的人才。这方面人才必须具有良好的职业道德和敬业精神，具有扎实的英语语言基础和较强的口语交际能力，能够掌握宽泛的商贸知识，熟练使用现代办公设备，具备运用英语从事商务活动的能力，熟悉通行的行业规则和惯例，能够适应生产、建设、管理和服务第一线需要，从事相关商贸业务、管理、翻译、外事接待等工作。

既然如此，英语作为一门操作工具，教师在教学中就应将理论与实践相结合，使学生在实践中更好地体会语言的应用。相应的评价体系也要适应实践操作。

对于培养学生的职业技能而言，形成性评价更易于达到教学目标。商务英语教学强调职场情景中英语运用能力的培养，教师要设计一些具有商务背景的情境任务，训练和考查学生在这一环境中的反应，培养学生的团队合作意识、沟通技能、创新能力等。而这些能力不能仅靠终结性的考试来进行评价，还需要运用形成性评价，如学生自评、互评和档案记录，以帮助学生了解自己在完成任务过程中的表现，使他们参照他人的表现来反思自己。

三、课程评价体系

目前，在国内商务英语的课程设置方面几乎都是围绕英语和商务两大模块进行双语或全英教学两大类课程，对各门课程构建的必要性缺乏系统的理论支持和设置原则。目前，越来越多的人开始关注商务英语的课程改革，却忽略了课程评价理论的应用。

近年来，出现的较为优秀的评价模式是斯塔弗尔毕姆的 CIPP（决策导向或改良导向）评价模式。一些学者将 CIPP 模式运用到高校商务英语课程评价中，形成了 CIPP 课程评价体系。CIPP 模式作为公认的、实用性强的评价模式，强调教育评价的改进作用，因此，特别适用于商务英语课程体系的改进。因此，教师可以从 CIPP 评价模式出发，分析目前课程体系的现状，发现存在的问题并给出建议，以推进和完善商务英语课程体系建设。

（一）CIPP 评价模式简介

课程开发的基本问题和核心环节是课程评价。我国以往是以拉尔夫·泰勒的目标导向评价模式为课程评价模式中心的。该模式把目标、教学过程与评价作为一个循环圈，预先设定的目标是评价的唯一标准，评价过程中目标规定或涉及的对象为评价对象。显然，这种模式“将预先选择的目标提升到过程之上，然后根据目标选择经验并加以组织，最后通过评价确定目标的达成度”。但随着教育理念的发展，这种目标导向难以评价教育活动中的非预期效果，如教师和学生的即兴发挥，以人为本的教育理念无法得到真正的实现。在目标基础模式上发展起来的过程导向模式更能满足教育实际的需求。

20 世纪 60 年代末 70 年代初，美国著名教育评价家斯塔弗尔毕姆及其同事共同提出了 CIPP 评价模式。在一定时期内，CIPP 模式主要包括四种评价：背景评价（Context Evaluation）、输入评价（Input Evaluation）、过程评价（Process Evaluation）、成果评价（Product Evaluation）。“CIPP”即是取这四种评价的英文首字母缩写而成。

（二）阶段划分

21 世纪初，斯塔弗尔毕姆感到四步骤的 CIPP 模式不足以描述和评价长期的、真正成功的改革方案，于是开始重新反思自己的评价实践。为此，他对其作出了补充和完善，把成果评价分解为影响（Impact）、成效（Effectiveness）、可持续性（Sustainability）和可推广性（Transportability）四个阶段。

第一，背景评价（Context Evaluation）主要是评价所处环境的资源、需求、问题机会。“资源”是指在本地可以得到专家提供的服务，“需求”主要指为了达到目标所必需的、有价值的事物，“问题”是指在满足需要时必须克服的障碍，“机会”主要指满足需要和解决相关问题的恰当时机。

背景评价的主要目的在于：描述所需服务的背景情况；界定预期的受益人并评定其需要；弄清满足需要所存在的问题和障碍；界定本地资源和资助时机；评定方案、教学和其他服务目标的清晰度和适切性。背景评价的基本取向在于确认方案目标与方案的实际影响之间的差距，本质上属于诊断性评价。

第二，输入评价（Input Evaluation）是在背景评价的基础上，对达到目标所需的条件、资源及各备选方案的相对优点所做的评价。其实质是对方案的可行性和效用性进行判断，对本方案的设计和工作计划、本方案的财政预算等进行评价。评价的主要任务是：鉴别和调查已有的方案，以便作为新方案的对照；评价方案建议的策略。

第三，过程评价（Process Evaluation）是对实施方案的全过程进行检验、指导、监督、反馈。其目的一是为方案设计者、管理人员、执行人员提供反馈信息，以便让他们了解方案实施的进度，合理利用有效资源完成方案；二是用于发现方案实施过程中的潜在问题，为修正方案提供指导；三是为定期评估方案的人员提供有效信息。总之，过程评价是以整合改进实施过程为目的，实质上其类型为形成性评价。

第四，影响评价（Impact Evaluation）是对方案到达、影响目标受众的程度做出评价。该环节需要回答以下问题：观察到了何种影响（肯定的和否定的、预期的和非预期的）？各类资助人怎样看待这些影响的价值和优点？获得满足了方案预期对象需要的程度如何？

第五，成效评价（Effectiveness Evaluation）主要评价结果的重要程度。评价人员需要做的是：访问主要的利益相关者；选出合适的受益人，进行深入的个案研究；汇总和评价方案对社区的成效；撰写评价报告；将成效评价报告整合到不断更新的档案库中，放入最终的评价总报告中。

第六，可持续性评价（Sustainability Evaluation）是对方案在何种程度上成功地制度化并得以长久实施下去进行评价。评价者访问方案领导和职员，方案的受益人确定是否有可持续的可能性和必要性，并通过讨论和反馈确定可持续性的程度。

第七，可推广性评价（Transportability Evaluation）是对方案在何种程度上能成功地被调适和应用于别处进行评价。评价者需要分析方案是否能够成功地被适用和应用于别处的程度，汇总和报告可推广性评价的发现。同时，在反馈讨论会上，讨论可推广性评价的发现，并撰写可推广性评价定稿，提出具体的改善措施，提供给委托人和公认的利益相关者。

CIPP 模式是一种以过程为导向的决策模式，其主旨是目标的合理性和可行性，评价并不是为了证明，而是为了改进，不应单纯地以教学目标为中心，而应以决策为代表的社会为中心。评价应为决策服务，为决策收集、组织和报告信息，它是“为决策提供有用信息的过程”。因此，CIPP 评价模式对丰富现行的商务英语课程评价体系建构具有指导和实践意义。

第四章　教育转型背景下商务英语的创新教学

第一节　商务英语专业的发展机遇与路径

一、商务英语专业发展的优势

商务英语专业在我国自设立以来，焕发出蓬勃的发展生机，从其发展起源、社会认可度、教学体系上来看都有其无可比拟的优势。

（一）历史发展优势

在英语语言教学理论体系中，商务英语，即English for Business Purposes（EBP）或通俗称为Business English（BE），归属于20世纪50年代兴起的专门用途英语（English for Specific Purposes，ESP）范畴。随着第二次世界大战后英语国家政治经济力量的增强，英语在国际贸易中日益成为一门重要的国际性工具语言，由此引发商务英语教学在世界范围内的迅速发展。商务英语教学实践除遵循一般教育学、心理学、英语语言学（尤其是应用语言学）等规律之外，还必须服从于特定的商务需求。因此，有别于一般用途英语（English for General Purposes，EGP）教学，商务英语教学具有很强的目的性和实用性。正因如此，商务英语正日益成长为英语教学的一个重要分支学科，并显示出其独立的理论与实践价值。

（二）社会认可度的优势

据不完全统计，在近1130所院校中，有半数院校都开设了商务英语专业。商务英语是在语言类课程和商务类课程的基础上发展起来的一个综合性专业，具有交叉性和复合性的学科特点。基于这一特点，该专业的毕业生不仅具有扎实的英语语言基础和熟练的听、说、读、写、译综合技能，而且能够解决经贸、金融、管理等方面的商务工作问题，符合社会在经济迅猛发展及贸易全球化背景下对复合型商务人才的需求。在我国，经过20多年的发展建设，商务英语专业已经成为院校外语类专业中最受欢迎的专业，也是招生人数最多的热门专业之一。

（三）教学体系的优势

在我国，很多学者和教育工作者致力于商务英语教学研究，提出了许多教学理论，形成了较为成熟、实用的教学模式和方法。此外，随着科学技术的迅猛发展和提高，计算机辅助教学（Computer Aided Instruction，CAI）早已融入语言教学中，人机对话学习软件、外贸技能实操软件等许多针对教学需要开发的教辅软件，为学生建立了一个动态教学环境，大大提高了课堂教学效率。可以说，我国商务英语教学已具备较为完善的教学体系。

二、商务英语发展的劣势

随着国际交往、交流的加强，社会对于复合型、应用型外语人才的需求呈现出高速增长的趋势。商务英语专业被列入全国高校高专的招生目录后，各院校纷纷开设了商务英语专业。然而，我国高校商务英语专业的办学实践历史较短，部分院校在课程设置上照搬本科英语专业课程设置的基本框架，重理论、轻实践，偏离了以市场为导向的人才培养目标，真正意义上的高校英语模式仍有待研究。

三、商务英语专业发展面临的机遇

伴随着我国经济、贸易、科学技术的不断发展，拥有英语作为流利的语言工具、同时熟练掌握丰富的国际贸易及商务知识、能够更好地服务于区域经济一体化发展的现代服务型人才需求量必将激增。

（一）国家重视高等职业教育的发展

长期以来，国家陆续发布相关文件，提出高等职业教育要以提高质量为核心，以增强特色为重点，以合作办学、合作育人、合作就业、合作发展为主线，努力建设中国特色、世界水准的高等职业教育。国家给予财政支持实施全国高等职业学校提升专业服务能力项目，以点带面，在示范建设的良好基础上普遍提高专业的社会服务能力，高等职业教育进入全面质量提升的历史新阶段。国家大力发展高等职业教育，对于高校商务英语专业来说，这无疑是一个发展契机。

（二）经济发展需要商务英语人才

随着经济的快速发展，我国需要更多“会外语、懂商务”的技能型人才。

始终把为地方经济和社会发展服务放在第一位，是地方院校办学的基本宗旨，是学院赖以生存和发展的指南，也是确定办学指导思想和专业定位的基本出发点。

无论从商务英语专业所面临的机遇还是自身所有的优势来看，其发展前景还是很好的。那么，在科技发展日新月异的今天，如何让商务英语专业重新焕发生机呢？科学技术的进步，反映了社会的发展；社会的发展，又促使专业建设进行改革。因此，教师要学会使用科学技术这把双刃剑，必须充分发挥高科技为专业发展带来的促进作用。

四、商务英语专业发展的方法和路径

（一）教师实践能力的提升是商务英语专业发展的保障

高校教师的特点在于其不仅要掌握本专业领域的知识与技能，同时还要提升自己在本专业职业领域的实践操作能力。学校可以充分发挥校企合作的积极作用，提升教师的专业实践能力。商务英语专业在发展中应实现教师参与校企合作的长效机制，通过“请进来，走出去”的方式为专业教师学习商务沟通与实践提供有利的条件，增长教师的见识。学校可邀请行业专家、岗位能手与专业教师一同参与课程改革和教学过程，同时注重团队协作，进一步强化商务英语专业教师之间的交流与分享，形成有效的团队合力。另外，教师岗位技能的提升还需要教师实现自身发展和专业课程的共同发展。商务英语专业的发展始终要与社会经济发展和革新同步。教师只有参与到课程改革中，跟上技术的革新和市场的需求，才能在自我完善的同时完善专业的发展；只有拥有开阔的视野和思维，才能拥有抓住发展机会的智慧和魄力。

（二）提升学生英语基础水平是商务英语专业发展的重点

没有高校商务英语专业学生知识和技能水平的整体提升，商务英语专业的教学改革、专业发展和建设就无从谈起。寻求商务英语专业的发展需要理性思维，需要回归原点。虽然商务英语专业的课程设置中包含大量的商务、财经类知识，课程中也要求在更接近真实商务环境的场景或企业当中去完成实践，但是商务英语专业的教学也应回归外语教学的一般规律性，即教育教学本着从语言学习和训练的根本，通过量和时间的积累来完成语言学习的渐进性过程。否则欲速则不达，无法使学生融会贯通，也失去了商务英语专业人才培养的特色，即能够脱离母语思维去完成工作或把英语作为工作语言的根本需求。

（三）企业积极参与校企合作是提升商务英语专业发展的动力

行业、企业是职业教育改革和发展的主体，也是专业发展的生力军。商务英语专业校企合作中企业参与度普遍不高，主要原因在于：专业岗位技能范围泛泛，合作企业范围相对不集中；合作企业的就业准入制度不力，实习学生不能留在本企业就业等。根据职业教育社会伙伴关系理论，社会伙伴关系建立的最基本动因是满足各成员的需求。在校企合作中，通过让企业代表进入教育机构董事会和理事会参与管理、让企业专业人才担任兼职教师参与教学活动、完善企业用人准入机制、鼓励企业参与学生实习期间的认可度评价等，可以实现校企合作中企业的需求和企业利益最大化。

（四）探索商务英语教育及发展政策是商务英语专业发展的源泉

回顾历史，商务英语的出现及发展都顺应了中国社会经济发展中出现的新的历史机遇，展望未来，商务英语专业发展方兴未艾，面临国家现代教育体系框架下的专业发展转折点，充分利用学科的开放性和包容性，拓展高校商务英语专业发展新方向，抓住机遇、面对挫折、迎接挑战，更好地促进商务英语专业和我国外语教育的长效发展。通过学校、行业、企业的多种措施并举，才能不负历史使命，以商务英语发展为起点服务好我国当前经济社会发展。

第二节　商务英语教育的改革创新战略

在课程教学方面，高校英语课程正从一般用途英语（EGP）向职业用途英语（EOP）转向，体现“做中学”的教学理念。然而，高校大多关注专业学科的发展，英语作为基础学科的地位正在动摇。高校教育和英语教学该如何适应新形势，实现新突破，适应“互联网＋”和大众创业时代学生学习特点和个性化学习新需求，优化英语课堂教学，为经济发展提供高素质技能人才，这是高校教育需要直面和解决的新课题。

一、助推商务英语专业改革的意义

商务英语专业的改革实践，必须将学（人才培养）、研（创新能力、技术、成果）和产（实体经济、社会生产）三者有机统一起来，这是推行创新驱动发展战略的根本需求，目的是能够依据市场运行的规律，全面优化现有教育资源的配置。

高等教育改革需要建立起和谐的管理体制，形成合理的学科专业布局、办学方式灵活、办学规模适度、办学质量与水平能切合市场所需的高等教育体系。作为专业人才培养、科技创新和社会服务的供应商，与提高全要素生产率、促进经济增长之间的关系密不可分。高校要科学定位，主动参与经济和社会发展过程，以提升科技创新、人才培养和社会服务能力。高校必须找准融入经济社会经济发展的切入点，民办高校应根据区域经济发展的迫切需要培养商务英语创新型应用人才，促进产业局部结构升级和调整的技术创新，全面融入我国经济转型升级与国家的创新驱动发展战略。

教育改革的重心在于提升教育质量和对创新性的培养，而这必然需要依靠新的教育环境与教育服务模式来为之提供强有力的支撑。从社会层面的意义而言，教育的产出就是培养人才；从经济意义方面而言，教育就是培养生产力。不可否认，教育必须严格遵循“需求原则”，在高等教育的发展和改革过程中，需求是支点。而需求有显性和隐形两种：显性需求主要通过毕业生就业率等指标数据来体现，隐形需求则表现在社会人才储备和新的科学技术的研发上。高等教育要注重与现实生产力发展水平相一致的显性需求，更要关注能革新现实生产力、代表未来生产力的隐形需求。

高校商务英语改革，目标是能有效提高教育供给端的质量和绩效，并能符合学生的个性发展需求，帮助学生既能实现个人价值，又能实现良好的社会价值，成为社会经济发展的香饽饽。比如，丰富现有教育环境，营造良好的教育服务模式，突破当前单一化培养模式、整齐划一的课程资源配置、缺乏弹性的考试评价体系。通过教育改革，实现教育目标，发现每个学生的天性，并加以保护，助其成长。

二、商务英语教学改革的总体措施

（一）明确商务英语专业办学思想，培养创新型人才

各类高等院校均需要努力贯彻以绿色开放、资源共享为手段，技术创新、协调发展为目标的发展理念，保持高校人才培养的规模与质量均能与国家宏观发展需求相统一，大力推进经济快速发展，实现整体生产力快速提升。对于商务英语专业而言，则要将体现当今国际先进生产力发展的知识与技能作为学科

建设与专业改革的根本落脚点。同时，要重视科研，把专业知识与专业技能的创新作为一项重要任务，从而发挥高等教育推动生产力发展、服务社会的基本职能。创新精神要体现在求新和求异两个方面：求新是引导学生对新事物所具有的强烈好奇心和敏感性，具有创新知识的求知欲望；求异是对日常所见的事情能提出疑问。对高校而言，求新与求异精神是科技创新的不竭动力和源泉。

商务英语专业要以实现学生知识、能力和素质协调发展为目标，在教学计划中搭建基础教育、专业教育、通识教育和实践创新平台，基础教育平台重在公共基础课、学科基础课，旨在加强学生的基本理论和知识、基本技能和方法、科学和人文精神培养，为大学生的职业发展奠定坚实的基础。专业教育平台主要是以专业为主的各类选修课，旨在培养学生扎实的专业知识和创新精神、通识教育平台主要是人文、艺术、经管、科技类选修课，目的是通过不同学科门类相互渗透，培养学生多样化的思维方式，提升学生的综合素质；实践创新平台包括实践环节、创新活动、第二课堂等模块，旨在加强对学生创新能力的培养。

1. 创新人才培养方式，突出人才培养特色要求

国内有学者指出，应把学术教育和创业教育置于同一高度。创业教育要传授创业的知识和技能，指导学生运用企业家的思维方式分析和解决创新与创业问题。民办高校可以通过创业教育的方式，推动其商务英语专业走创业发展之路，这就使得创业教育被赋予了更加重大的功能和职责。创业教育和创业活动充分联动，拓展其功能范围，成为创新创业教育必要的途径。在此过程中，需要关注教学内容的选择，加强实践教学，将创业与实训有机结合并渗入到日常教学中。

而在创新型人才的培养方面，商务英语专业肩负着十分重要的历史使命。

学校不仅需要为学生潜力的发挥营造出一种兼容并蓄的环境，尊重和保护每个学生的个性发展，从而在商务英语专业中培养出更多的创新型人才。

2. 遵循多元智能理论，促进学生个性化发展

多元智能理论提出，人的智能是多元的，智能的发展与培养必须通过主体的互动来实现。该理论提倡积极的学生观、因材施教的教学观和学生考核多样化的评价观。主张通过各种渠道、采取多种形式，在多种情况下，对学生进行考查和评价，使评价成为促进学生发展的有效手段。多元智能理论强调以人为本，重点是尊重人、重视人、发展人。学生观、教育观和评价观的转变是该理论的中心要求。倡导“爱生”理念，应重新树立起“学校里没有差生”的学生观；重新构建教育方法及理论；注重教学的过程，植入多元化教学元素及手段，打破“一考定终身”的制度，重建教学质量的评价标准。

高校教师的职责是依据人才培养方案、教学大纲和课程计划，结合学生的个性特点和学习风格，运用适当的教学模式，导入多样化的情境教学，从而引导学生智力与能力的共同发展。在日常教学活动中，教师要打破传统定式，针对授课内容，实施不同的教学方式，对重要的知识点进行多方位的诠释，提高实际教学效果。另外，教师还可以采用分组教学的形式，允许学生以小组为单位，选择自己喜欢的方式或任务来合作完成教学，激发每位同学的潜能，以特色化和个性化辅导，促进良好教学效果的实现。

（二）提供丰富、多元、可选择的创新性教育资源

要将主要工作目标定位于培养高层次应用型人才，以推动产业的转型升级和公共服务水平的发展，走产教结合、校企合作之路，采用试点单位引领与示范的方式，创建具有鲜明办学特色的教育，使地方高等教育更好地推动产业转

型升级、技术改革进步及提高社会管理创新能力。

商务英语专业的教育应该使学生充分享有和利用大学为之提供的创新性教育资源，让学生可以自主选择。比如，提供设备完善和技术先进的跨境电商交易实验室、商务英语综合技能实验室和商务谈判实验室，为触发学生创新精神和培育创新能力提供物质及硬件保障；创办英语自主学习中心，为学生提升语言表达能力和听力水平提供优质的学习资源。这样做的目的在于灵活配置教育资源，实现教育效果的最大化。

1. 充分利用网络资源，开展专题教学

教师除了可以将传统教材作为主要教学内容以外，还可以尽量发掘网络资源。辅助教材内容的网络教学资源，除了能加深学生对教材内容的理解、帮助学生拓展知识面和开阔视野外，还可以培养学生搜集、处理各类信息的能力。同时，教师可以在教学过程中给学生分配课程论文的任务，从而在一定程度上开发学生创新性研究的潜力。此外，教师还可辅以专题内容让学生进行公开展示，这有利于提升学生的口语表达技能。

2. 充分利用环境资源，开展体验性教学

环境资源包含与环境相关的自然资源、人文资源等。教学过程中必须重视对环境资源的利用，既要有效推动学生认知水平的发展，又要带给学生更高层次的情感体验。在进行创新性教育时，教师应该思考在以教材为重点教学内容的基础上，如何利用好环境资源，通过体验性教学，促进学生情感的丰富。在教学实践过程中，要加强对学生探究过程的指导，引导学生利用现代化信息技术资源进行体验式学习，有效解决在探究中所遇到的各种问题。在考查过程中，关注学生对信息的搜集、筛选、利用的能力是否得以发展，考核学生提出问题、分析问题、解决问题的能力是否得到锻炼和提升。

3. 创设商务教学情景和激发学生的创新意识

创设适当的教学情景，调动学生主动学习的精神、积极发挥创新、领导和解决问题的能力，采用留学、访学、假期游学、研修班、联合培养等项目，营造优质的学习资源；商务英语专业教学活动中，提供给学生必要的商务专业知识技能指导，并给予少量的资金支持，尽量给本科生走出校园的机会，多参加各类活动、学科竞赛、实习实践等，丰富学生阅历，开阔国际视野。由此激发学生不断追求创新的思维，探究新理念和新产品的研发，有效提升商务英语专业人才素质。

三、英语教学改革中需要注意的几点

高校教师在商务英语课程改革中应注意以下几点。

第一，注重强化教学反思，促进教师能力的提升。教育质量的提高关键在于教师。在教育创新发展的时代背景下，教师必须重视教学反思与变革，着力提升自身素质。教师要创造条件深入行业锻炼，在实际岗位工作环境中，体验社会对英语的现实需求，丰富教学内容，反思教学行为，促进自身的转型发展。教学反思不但可以提高教师的课堂教学效果，还能有效激发教师的专业自信和教学动力。在当今这个经济全球化的信息时代，英语教师要强化资源整合意识，构建教研合作共同体，加强沟通与交流，重视职场学习，把握经济社会发展趋势，提升职教能力，推动高校教育的改革，切实提升高校人才供给质量，实现人才供需的有效匹配。

第二，转变课程教学理念，注重学生职业素质的养成。学生最大的困难是找不到合适的学习方法。作为教学主体的英语教师，不是要如何选择学生，而是要用科学的人才观和质量观培养学生。因此，英语教师要转变教学理念，重点培养学生的语言运用能力，提升自身职业素质，为职业生存和未来发展奠定基础。

第三，优化课堂教学模式，确保课程教学的有效供给。首先，要重构英语课程体系。将 EGP 与 EOP 有机整合，构建有利于职业精神养成和语言技能提升的特色课程体系，确保课程内容的有效供给，着力提升学生的语言运用能力。其次，要构建“生本”英语课堂。要综合考量学生的语言认知水平、学习基础和能力、情感体验以及个性化学习需求，采用模块化教学设计，使学生能够积极参与课堂教学互动，从而培养学生的思辨能力和创新精神。最后，要优化课堂生态环境。运用现代信息技术手段，采用多模态新型教学方式，着力改善课堂教学环境，提升课堂吸引力，激发学生的学习兴趣。

第四，完善教学考评机制，凸显工匠精神的养成教育。作为未来工匠培育主体的院校，应顺应时代发展，强化教师自身素质和对学生工匠精神培育等定性考核，弱化教师教学课时数、论文著作数和科研项目数等定量考核。对学生的考核则要建立多维的形成性考评体系，注重对其综合素质、实践能力的全面综合考量，不唯分数，只求实效。可结合智慧校园建设，构建英语课程教学管理大数据平台，将平时考核、期中考核和期末考核相结合，注重考核评价的科学性、及时性、动态性和过程性。

第三节　经济及教育转型发展背景下商务英语应用型人才的培养

一、经济及教育转型下商务英语的人才培养背景

目前，随着经济发展，需要大量创新型和应用型人才。尤其是近年来商务英语变得越来越重要，商务英语人才在市场上明显缺乏，培养商务英语人才显得极为迫切。

二、地方院校商务英语专业人才培养现状

在近年的高校扩招过程中，商务英语作为热门专业备受青睐。众多地方高校的外国语学院都开设了商务英语专业。但由于专业发展的时间相对较短，部分高校商务英语专业在人才培养方案和课程设置、教学、考评模式等方面仍存在如下不足：第一，商务英语专业人才培养定位模糊，特色不足，同质化现象比较严重，以至于人才培养的硬件、软件两方面都难以满足其人才培养目标的要求，致使教师教得吃力，学生学得费力，以至于学习收效不大。第二，语言类课程设置“高大全”，包罗万象，课程设置不是围绕专业核心课程进行拓展，围绕专业实用课程进行教学练用。商务类课程设计不足，课程内容局限于语言类，实用性欠缺。第三，教学过程中重语言、轻能力，重商务、轻文化，重引入、轻实践，注重理论教学，轻视实训、实操。考评以笔试为主，忽视实践活动，商务英语实践训练严重不足，实训、实践平台欠缺。因为实训、实践不足，学生学无所用，不会用，用不上。第四，商务英语的院际合作及校企协作严重不足，缺乏来自企业一线的真正的专业教学指导，学生所学成了纸上谈兵。第五，

较少提供未来素质培养的途径等。一些高校商务英语专业人才培养目标、课程设置、教学内容、教学方法手段、教学模式等与社会需求之间存在一定的差距。如何结合地方经济特色、高校转型现状及学生就业需求这些因素培养应用型商务英语人才，是地方高校转型期英语商务人才培养必须思考、研究并解决的问题。

三、地方院校商务英语专业人才培养策略

（一）准确定位人才培养目标，采用多种方式培养应用型人才

高校和地方院校的人才培养应结合区域经济特点，并考虑地方院校的转型和变革的现状，培养应用型商务英语人才。在确定人才培养目标的基础上，实施“专业联合 + 校企合作 + 产学研创一体 + 全面考评”的育人方案。

商务英语专业可以充分利用校内资源，建立校内专业联合及国际合作的协同育人机制，如一些专业的课程共享、外院和国际学院的课程、师资共享等，实行资源共享，促进校际课程互选、学分互认。实施学校和企业协同育人，用人单位参与商务英语教学、培训、实践指导、技术技能练习等。通过专业联合、校企协同育人及灵活运用各种教学方法，提高人才培养质量，提高其服务经济社会的能力，增加学生的就业机会。

商务英语专业并不是简单地在英语课程中加入商务的内容，而是英语专业本科主干课程和商务专业本科主干课程的有机结合，一方面，强调英语语言技能的专业训练；另一方面，强调商务课程的全英教学。转型发展的大学的技能、技术应用型人才的培养应建立需求导向的课程调整机制，课程设置前深入企业，实地调研商贸情况及相关市场对人才规格的需求，实施商务英语专业的毕业生

就业和重点产业人才供需年度报告制度，通过这些举措，及时反馈社会信息，针对经济社会的需要，对现有课程做出调整，充实、创新培养内容，使课程设置具有前瞻性和实用性，使学生的学习内容紧贴市场需求。通过模块设计方法，对商务英语专业课程进行五大模块设计，包括英语语言知识和技能模块；商务知识模块；商务英语技能模块；交际策略模块；人文素养模块。在新型经济模式下转型发展的大学要以服务新产业、新技术、新业态为突破口。培养服务产业转型升级、技术转移、应用特色鲜明的人才，要不断更新课程设置，如“互联网+”、大数据+商贸、物流、报关、结汇等系列课程，创新培养内容，构建较为合理、实用的模块化课程体系，从理论和实践方面更新商务英语专业的学习内容，弥补现有课程设置及实践课程的不足，进一步完善商务英语专业课程设置体系。

（二）改革教学方法，创新教学模式

在“互联网+”的背景下，商务英语教学应紧跟“互联网+教育”的发展趋势，充分利用“互联网+教育”平台，改革教学方法，创新教学方式，充分利用数字技术资源优势，通过将信息技术和英语课堂教学有机整合的互联网平台，打造新课堂环境和教学模式，打造内容、平台、服务一体化的混合教学模式。

1.“沉浸式”教学

充分利用现代信息技术，以市场需要和学生兴趣为中心，用多媒体和网络信息技术模拟真实的工作环境、业务情景，为学生提供浓厚的职业氛围，使学生讲英语的技能和基本的商务技能通过实训得到强化。通过一流的“沉浸式”教学，培养既精通英语又掌握商务知识的应用型人才。

2.“翻转课堂”教学

充分利用高校商务英语学科小班授课的优势，采用“微课”“慕课”等教

学模式，引导学生探索、讨论和参与。利用现代信息化平台实施“翻转课堂”教学，鼓励学生自主学习、培养学生学习与思考的能力。

3. 产业或“双师型”教师指导教学

依托高校教师教学改革的核心，聘请产业教师或“双师型”教师进课堂，引进从事商务和外贸活动的专业人员为学生做前沿、实用的行业指导，培训商务英语专业学生的专业技能。

通过“沉浸式”教学、“翻转课堂”教学和产业教师进课堂等教学活动，实现差异化、个性化教学，使商务英语教学模块化，实现教学创新，培养学生的专业技能。

（三）校企协同，加强实训、实习，培养学生的商务实践能力

商务英语专业有明显的应用性质，要求培养商务英语专业学生的专业技能和应用能力。有学者将实践教育板块明确列在英语类专业课程设置的共同框架中，以便能够让学生将所学知识进行综合运用。还有学者提出，应该把实践教学的目标和任务落实到各个实践教学环节中。这些观点进一步强调了商务英语专业的应用属性。

学生商务英语应用能力不高是地方高校普遍存在的现象，商务英语教学可以使用不同的教学方式，使学生学到许多方面的专业知识。还要规范课程的时间和内容设置，加强实训，培养学生的商务实践技能。在职业培训课程中培养学生的专业素养和专业技能，并提供实习机会，使学生在实践中充分利用自己所学的知识和技能。还要加强学校与企业之间的合作，开辟企业实践教学平台，探索校企合作的灵活的教学模式，加强实践教学。充分利用当地外资、外贸、商务公司及相关平台，进行校企合作。校企合作培养以商务活动、真实的企业

项目作为教学内容，为学生提供真实的企业环境、真实的企业导师、真实的企业运营。教学过程中突出专业特色，着眼学生的实际发展需求，学用结合，以用促学，学以致用，实现理论、技能及实践教学一体化。通过企业轮岗实习完成各种语言技能和商务技能模块的训练，摆脱英语知识与专业知识的脱节情况，以及重理论、轻实践的尴尬局面，有效解决高校专业人才培养目标与企业人才需求的不匹配问题，提高专业与产业、理论与实践的契合度。

通过实训、企业实习实践活动等多种实践平台，开展技术、技能型人才一体化培养模式，做到知识与能力并重，产学研结合，培养学生的学习能力、实践能力、创新意识及可持续发展能力。

（四）将创新创业引入课堂，进行创新创业教育实验

高校商务英语专业应充分利用政策优势，使创新创业教育内容融入各学科，或专门开设创新创业教育课程，大胆进行创新创业教育实践。商务英语教学应该借助“全民创业，万众创新”的政策，对商务英语改革进行大胆探索，并开拓区域性的跨境电商产业园区运营管理模式。在服务企业研发，提升教师创新、创业教学能力的同时，教师在创新创业课堂教学中可以运用相关创业案例进行教学，向学生直观、生动地展示创业成功者的成功之路，让学生学习行业前沿和市场最新的知识、技能，了解并掌握创业方法和规律，具备创新、创业的基本知识、基本素质、能力和品质，培养学生良好的创新、创业意识和创业精神，使学生树立全新的就业观念，启发学生的创业思路，拓宽其创业视野。

此外，学校还应激励教师制订个性化的培养计划，充分利用已有的创业平台带领学生创新创业。同时，学校还应创建更多的大学生创业园平台，鼓励、支持学生结合自身特点和所学专业进行自主创新创业实践，支持学生跨校组建创新创业团队，培养学生的实践创新能力。

（五）改革考评机制，实行“过程+结果”的综合评价

个性化的培养计划及学生结合自身特点和所学专业进行自主创业对传统的考评方式提出了挑战，转型发展的商务英语教学应改革考核内容和方式，尝试非标准答案考试，实现学分制管理，建立创新创业学分积累与转换机制，允许将学生开展创新实验、发表论文、获得专利、自主创业等情况折算为学分。建立学生创新创业档案和成绩档案，对创新创业成绩突出的学生在评优评先、奖助学金、研究生推免等方面予以倾斜。将理论学习、技能实训、实习、创新、创业全部纳入考核范围，实施综合评价，将标准化考核和档案评价相结合，引入动态评价机制，既重视考核结果，又重视技能实训、实习等实践学习过程，实现考核、评价全面化、动态化。

将人才培养与经济社会的发展需求紧密结合，实施校企协同合作、产学研创一体化、考核评价全面化的育人措施，创新培养商务英语专业学生应用能力，培养社会急需人才，凸显地方院校商务英语专业人才培养特色，避免同质化竞争。这不仅有助于解决企业的“用工荒”问题，而且有助于提升就业率，有助于高校教育结构优化，促进地方高校成功向应用技术类型转型。

第五章　商务英语课程群“线上+线下”混合教学模式研究

第一节　商务英语课程群“线上+线下”混合教学调研分析

一、“互联网 +”背景下高校学生英语学习习惯分析

（1）调研背景和目的

随着网络技术的发展，“线上＋线下”混合教学已成为高校英语教学必然趋势。然而我们必须看到，网络环境下英语自主学习和实体课堂相结合的教学，虽然突破了传统的英语教学格局和模式，但也不能忽视这种模式可能面临的问题和挑战。线上教学更多地依赖学生自主学习，学生作为学习主体，目前的学习习惯是否能支持其进行独立预习、复习、研究型阅读，进行项目作业、反思等，形成理想的知识学习过程的闭环？由于线上教学中教师的监控有限，目前学生的学习自主性是否支持学生自主进行学习目标制订、进度调整、进度管理、自我总结？因此必须深入调查学生的线上和线下学习习惯、学习动机、规划能力等，以便在教学设计中针对学生外语学习习惯和学习倾向性问题，运用好“线上”和“线下”两种资源和方式，扬长避短，优化组合，以构建新的教学和学习模式。因此项目组对所在学校的高校商务英语专业学生学习情况进行了调查和分析。

（2）研究方法

调研对象为项目组所在院校商务英语专业学生。本调查采用问卷的形式，问卷编制中参阅了大量文献期刊，并经过了问卷试样、专家咨询等环节。问卷内容主要覆盖基本信息、预习和复习习惯、对线上和线下各种学习形式的不同态度等，共计收到问卷 298 份，对收集到的数据进行统计、分析。

（3）数据分析

第一，英语学习预习和复习习惯。本次调查显示受试者的整体情况预习和复习习惯不理想，每次能做到预习和复习的同学为 0%，仅有少量的同学能经常预习（8.57%）、经常复习（14.29%）；两者比较来看，受试者的复习习惯优于预习习惯；很大一部分同学没有形成良好的预习（54.29%）和复习（37.14%）习惯。

第二，英语学习规划计划和执行情况。调查显示半数以上同学（60%）能够为自己的英语学习（含在线学习）制订计划；仅有 5.71% 的同学和 11.43% 的同学能够或常常能监控自己的学习进度，绝大部分同学不能监控自己的学习进度。说明高校学生的在线学习同样面临着大部分网络在线课程自我监控低，比较难坚持的情况。从反思的角度来看，仅有 5.71% 的学生表示总能自我反思自己的学习情况，14.29% 的学生能常常进行反思总结。可见受试高校学生英语的学习计划制订、执行和反思情况不容乐观。

第三，英语学习动机情况。为了调查受试者英语学习的动机，本调查采用多项选择的方式进行提问。31.43% 的同学是出于兴趣学习英语的，这种内在动机的动力将对英语学习产生积极和持久的作用。而 54.29% 的学生是出于升学的需要，74.29% 的学生是出于就业的需要学习英语的，由于两者百分比超过

100%，很可能重叠部分（28.58%）的同学兼具升学和就业两种学习英语的动机。这种工具型的动机动力比较强，但是目的性也比较明确。从短期来看，受试者们最直接的动机中“通过大学英语四级”最强（82.86%），其次是“提高自己的英语听说读写译水平”（71.43%）和“通过大学英语六级”（60%）。

第四，学习倾向性。从学习的倾向性来看，绝大部分同学（91.43%）曾经用过网络课程或英语学习手机应用进行英语学习，说明受试者作为网络原著民已经具有适应网络学习的特质；从认可度来看，有 14.29% 的同学认为网络课程和英语学习手机应用在英语学习中必不可少，40% 认为其很有帮助，可见基于网络课程和英语学习手机应用的线上移动微学习已经被很多高校学生认可。

此外，学生对英语课堂教学、在线课程、英语学习手机应用、英语社团、英语社会实践、英语竞赛等也进行了评价。45.71% 的受试者认为实体课堂的帮助最大，这也从一方面反映了现在课堂通过面对面、针对性的指导，获得认可度最高；接下去受试者认可度从高到低依次是英语社会实践（31.43%）、英语竞赛（28.57%），英语在线课程、英语学习手机应用和英语社团均为25.71%。

（4）调研结论

第一，调查显示，高校高专学生并没有形成良好的英语学习习惯。因此，一方面，学生必须认识到良好的学习习惯对英语学习的重要性，并且积极培养自己养成良好的预习和复习学习习惯，比如通过网络作业、论坛讨论等做预习和复习管理和支持。另一方面，培养学生在英语学习计划、自我管理和反思，通过可视化的课程计划、进度表、脑图等辅助时间管理、计划管理和结构化反思方面的能力。

第二，培养学生英语学习兴趣。兴趣是学好语言的关键。一方面，根据学生学习英语的目标和动机设计教学内容，并讲解商务英语口语、翻译等学习内容的重要性，可以提高学生的学习兴趣。另一方面，将大部分学生的工具性动机转化为内在动机会大大提高学生的学习效果。采用多模态、多媒体的教学形式，以学生喜闻乐见的形式呈现教学内容，激发学生的求知欲望，此外，教师采用鼓励的政策，对学生取得的进步及时表扬，增强学生学习的信心。

第三，加强线上线下教学方式的分层次整合。从目前的教学现状和受试者的态度来看，实体课堂教学是第一性的，有着不可取代的作用。而在线课程、英语学习手机应用等是第二性的。因此需要设计线上和线下教学方式的分层次和整合，以第一性的实体课堂为中心，寻求第二性的教学方式的补充和拓展，与课堂教学相辅相成，发展网络课堂、学生社团、设计实践等，促进学生学习效率的提高，培养学生独立思考、自己解决问题的能力。

二、“互联网 +”背景下外向型企业商务英语人才需求情况分析

在“互联网 +”的背景下，商务英语专业相关目标岗位的职业素养和职业能力需求也相应有所变化。为了了解“互联网 +”背景下外向型商务企业商务英语人才需求最新情况，本项目通过实地走访、电话访谈、问卷调查形式对某地区中小型外向型企业进行调研。

（1）受访企业情况

在这些企业中，42.31% 的企业主营领域为外贸行业，15.38% 的企业从事语言培训行业，各有 3.85% 的企业从事跨境电商行业和物流行业。

（2）职业能力和职业素养需求

问卷对受访企业的毕业生岗位需求和职业能力进行了调查，企业需求的商

务英语人才主要岗位依次是外贸业务员、英语机构助教、外贸跟单岗位、跨境电商营销岗位、物流岗位和英语机构销售。

企业对毕业生学历层次要求如下：部分企业（42.31%）要求毕业生具有专科（高校）学历，15.38% 的企业要求毕业生具有本科学历，还有 42.31% 的企业对毕业生学历没有严格要求，只要毕业生职业能力能够适应岗位即可。

根据问卷调查情况，相关企业对商务英语人才的典型工作任务要求从高到低依次是：客户沟通（网络），占 65.38%；信函（E-mail）写作，占 42.31%；询盘报盘还盘，占 34.62%；产品推广和产品上架（产品描述），各占 19.23%；翻译营销、图像与销售文本制作，各占 3.85%。

相关企业对入职者职业素质要求如下：受访企业最为重视的职业素质依次是学习能力占 65.38%，吃苦耐劳精神占 57.69%，合作沟通占 53.85%，责任意识占 53.85%，应变能力占 30.77%，诚信意识占 19.23%，组织协调占 11.54%，创新能力占 3.85%。

对于毕业生的职业能力要求，受访企业普遍表示重视入职者外语语言能力（73.08%）和业务操作能力（69.23%），同时，也注重入职者的办公图文处理能力（15.38%）、专业理论水平（11.54%），中英文资料搜索能力（7.69%）及网页维护和管理能力（3.85%）。

在毕业生英语能力中，受访企业普遍看重口语交际能力（76.92%），其次是商务电子信函写作能力（50%），商务翻译能力（42.31%），英语网站信息搜索和理解能力（19.23%）和其他能力（11.54%）。

与此同时，大部分企业认为目前商务英语毕业生英语能力中存在的最大问题是商务口语交际能力（73.08%），其次是商务电子信函写作能力、商务翻译能力、商务网站信息搜索和理解能力（各 15.38%）。

大部分受访企业对入职员工在进行以下工作任务时的能力期待包括：熟练、精准、流畅的电子邮件沟通，专业商务文本翻译，阅读客户提供的专业文件，借助互联网工具进行读写译，编辑译写网站英语信息，搜索、阅读捕捉产品信息，商务汇报，基本准确、有少量错误的口头电话沟通，在线社交工具沟通，价格磋商和产品介绍说明。

（3）课程设置和职业证书需求

受访企业对入职者接受课程需求方面，达到 50% 以上的课程有“商务英语口语”，达到 40% 以上的有“商务英语听力”“英语口译”“商务英语翻译”和“跨文化交际”。比较奇怪的现象是，“出口业务操作”“国际贸易英语函电”这两门外贸工作岗位中运用较多的课程，比例较低，分别是 19.23% 和 26.92%，因此印证了一些外贸行业专家提出的观点，外贸流程可以花几个月在实践中学会，而入职者的语言能力是需要日积月累练就的。这给人才培养方案的调整提供了一定参考。

受访企业对入职者职业证书需求方面，分别有 53.85% 的企业招聘通过英语四级、六级考试的学生。对于其他职业能力资格证书的需求，依次是外贸业务资格证书（30.77%）、计算机能力一级证书（15.38%）及其他（7.69%）。因此在引导学生选择职业证书考试时，应给学生反馈相应的信息。

第二节 商务英语课程群“线上+线下”混合教学模式

一、与岗位对接的商务英语课程群构建

商务英语专业是一个英语语言、商务知识和商务沟通相结合、理论与实际相结合的实践性极强的综合应用型专业。高校商务英语教学的目的就是让学生学会商务英语语言知识，培养其在国际商务环境中为完成商务任务而运用英语进行有效交流的跨文化交际能力。然而，长期以来，语言表达能力的培养一直是整个专业教学体系中最为薄弱的环节，这主要由以下几方面原因造成：一是能力点及测评体系缺失，语言教学实践缺乏相关理论支撑；二是语言知识教学与商务知识教学分离，课程之间缺乏有效联结；三是交际氛围缺失，实践机会匮乏；四是学生基础能力薄弱，语言能力发展不均衡。为有效化解以上问题，课题组成员借鉴我国职业核心能力研究的相关成果，致力于组建一个课程群，与商务英语专业对应的岗位群进行有效的对接，从而解决相关的问题。

（1）课程群与岗位群的建立

第一，建立商务英语语言表达能力课程群。

商务英语课程群是集语言表达类课程于一体的商务英语专业课程群，课程群将英语口语、写作及翻译等外语应用能力视为在真实工作情境中整体化解决综合性专业问题的一种跨文化语言交际能力，是语言应用能力的重要组成部分；将群内各子课程对学生能力的培养视为一个有序渐进的连续体，皆以职业岗位能力和需求为准绳，以工作任务为中心，以典型场景为载体，以工作过程为情境；

将学生视为主体，将教师视为主导，承认学生之间存在个体差异，提倡以形成性评价为主、终结性评价为辅的方式对学生的语言表达能力进行客观评价。

第二，建立商务英语专业岗位群。

高校教育是以培养基层和生产第一线的技术应用人才为办学宗旨的，学生应安心在基层和生产第一线工作，具有良好的职业道德和专业工作能力。商务英语专业毕业生适应外向型现代管理工作；能胜任大量需要口头和书面英语交流的高级文员工作，并具备一定的工商管理知识；也可从事英语教学与培训工作。主要的就业岗位群有国际贸易业务员、跨境电商专员、涉外文秘、外企文员、外向型企业一般管理人员、物流人员、商务翻译、商务助理等。

（2）商务英语课程群与岗位群对接的内容

第一，依照岗位群的要求，对课程群进行合理的课程设置。

商务英语专业课程群的能力培养目标是语言表达能力，即口语能力、写作能力及翻译能力。因此，本课程群应该至少包括目前开设的“商务英语口语”“商务英语翻译”“英语语音”“跨文化交际”等课程，其中“英语语音”课程为专业基础课程；“商务英语口语”课程为专业核心课程，其语言表达能力培养点聚焦于满足商务交际情境，特别是在“互联网 +”的背景下进行商务沟通的能力；“商务英语翻译”课程为专业核心课程，其重点培养点基于日常及商务翻译情境，如名片、商标翻译等，同时体现跨境电商背景下的网页英译；“跨文化交际”课程是职业核心课程，旨在训练具备一定的跨文化交际能力和交际意识。

第二，统一课程标准及评价标准，围绕岗位群要求的能力做好课程衔接，建立规范化课程群。

避免商务英语专业的各门课程一直不能形成规范的课程体系。专业核心课程各自为政，缺乏统一的标准。商务英语专业课程群的首要研究内容便是通过统一课程标准、评价标准，统一表达能力点来使相关学科通过共同的语言表达能力培养目标而最终紧密联结在一起，成为一个规范化的课程群。

第三，根据课程群与岗位群的对接要求，增加学生实训的机会。

商务英语专业基于职业岗位群要求，参照主要课程设置以下校内主要实训项目：商务英语口笔译实训、英语视听说实践训练、外贸单证实训、跨境电商实务。商务英语专业校外实训基地主要分布于跨境电商企业、国际贸易类公司、国际会展公司、商务英语培训机构等。校外实训主要采取分散式顶岗或订单班项目等形式。校外实训的教学工作主要由校外兼职教师以双导师制方式进行，校内任课教师进行必要协助。

二、商务英语课程群“线上 + 线下”混合教学模式的建构

鉴于对学生情况、行业需求和专业课程群构建的调查研究，本研究构建了商务英语课程群“线上 + 线下”混合教学模式。

（1）打造“线上 + 线下”多元合作的教学团队

鉴于高校外语类课程“职业性”突出的特点，构建以中方专职教师为主，外籍教师、校外专家、行业兼职教师为辅的多元教师团队。利用web2.0网络条件，充分发挥各领域教师的优势，通过在线直播、即时通信软件、论坛等形式，以现场与非现场、实时与非实时多种形式，探索立体化的教师合作教学路径，打造“线上 + 线下”多元合作的教学团队。

（2）形成“语言 + 互联网”深度融合的教学内容

课程教学内容是课程群教学改革的重要载体。而目前“互联网 +”在高校外语类教学改革实践中的作用局限在“媒体”功能，因此急需重构高校外语类教学课程群教学内容。

①需要关注“互联网 +”对学生外语职业能力需求的影响，因而必须根据就业市场和学生可持续发展的需求，遵循以职业实践活动、项目课程、学生主体为导向的原则，以外语类课程听、说、读、写、译技能为经线，以跨文化交际能力、“互联网”外语工具能力为纬线，系统性地更新和重构教学内容。

②需要重新认识“互联网 +”对外语类课程资源的影响。增加“互联网 +”外语能力部分，旨在帮助学生尽快适用“互联网 +”背景下的外语学习与工作。该部分包括外语学习手机应用、语料库、电子词典、翻译软件、平行文本等互联网资源的获取和运用。内容根据认知规律、教学规律、学科系统逻辑性，兼顾教学内容的整体性、连贯性、职业性、碎片化，意在形成“互联网 +”背景下“语言 + 网络”深度融合的教学内容。

（3）构建“多模态 + 多媒体 + 多环境”的 3M 教学环境

课程群的教学形式是教学目标实现的有力支持。目前在院校外语类课程群的教学形式中，仍然存在教师主观灌输的教学模式，忽略了学生知识的建构和内化。因此，外语类课程群教学必须打破这种模式，利用“线上”智慧与“线下”智慧，有效构建多模态、多媒体、多环境的3M智慧教学形式，促进学生主动建构。

①多模态（Multi-modal）：依托文字、图片、音频、动画、视频等多模态信息，使学生在多模态的环境中进行语言输入和输出，开展研讨式、探究式、反思性学习，如鼓励学生进行数字故事讲解 DST（Digital Story Telling），从

而提升学生的学习效率和学习兴趣。

②多媒体（Multi-media）：在“App+”“慕课+”“微课+”，甚至“自媒体+”等多媒体支持的网络课堂，通过教师自行录制的教学视频、购买国内外优质教育资源，方便学生随时随地利用碎片化的时间进行学习，使课堂教学有效延展。

③多环境（Multi-environment）：提供传统课堂、网络课堂、学生社团、学科竞赛、社会实践等多种教学环境，以“传统课堂”和“网络课堂”相结合的混合教学形式，加上“社团化”实践教学方式，以相关竞赛为平台的“课赛融合”教学形式，以相关活动等学生志愿者为平台的外语实践教学，利用“线上”和“线下”教学各自的优势，构建满足高校外语学习者个性化学习需求的“多模态+多媒体+多环境”的3M教学形式。

（4）形成“电子档案袋+诊断性评价”立体、智慧的考核形式

外语类课程群的考核形式会对学生的学习活动起到一定的反刍作用，因此很有必要在外语类课程考核中借助“互联网+”的思维，利用考核撬动学生主动、积极地参与课程学习。本项目以学生的发展为出发点，兼顾学生的终结性考核和形成性考核、线下学习和线上学习考核。

①云端电子档案袋：利用云端电子档案袋（Portfolio）形式，以作品化、可视化、过程化为原则，留存学生课程学习期间的过程性资料，如小组讨论记录、小组成果等，如英语短剧、英语朗诵、英语电子故事等。

②诊断性评价：利用线上评价便捷性优势，增加课前、中、后的诊断性评价，使师生的教和学达到有的放矢；利用平台共享性优势，实现师生、生生间评价，行业评价，校内评价等多元诊断性评价；利用大数据和语料库技术的优势，实

现对某一学习者常见语言问题的诊断。最终形成以“电子档案袋+诊断性评价”为特色的立体智慧的考核形式。

第三节 “商务英语翻译”课程混合教学内容支架式构建研究

建构主义认为学生的学习过程是主动建构的过程。为了提供学生主动建构的支柱，在“商务英语翻译”混合教学内容设计中教师力求构建兴趣支柱、载体支柱、方法支柱，实现线上和线下教学内容创新。通过动态化的翻译语料、实用性极强的内容提升学生的学习兴趣，提高学生学习的主动性；通过项目设计情境化、项目实训过程化，学生真正地在课堂中体验到真实翻译项目载体中的“实战”感；技能化的理论知识、可视化的专家论道，帮助学生通过最直观、最有效的方式掌握翻译方法，提高实训成功概率，从而形成学生学习的良性循环。

第一，语料使用动态化。

为了克服传统课本翻译例子陈旧过时的问题，可以在翻译教学中注意语料使用的动态化，即根据翻译界的最新动态、学生的兴趣、教学内容的需要动态选择语料。语料来源方面，可以有行业兼职教师咨询、教师访学、学生社会实践、社团业务、横向课题、科研课题等途径。目前课程组已经在省内各地收集了大量的语料可用于课堂教学，而且现在课程组仍在动态收集各种宝贵的翻译语料。其中用图片进行保存的语料有10000多张，部分图片已经按照课程教学的主题分为商务名片、公示语、商品说明书、商务广告、旅游解说等专题，作为教学中的动态语料，放在课程平台的资源中供师生选取。

第二，内容选取实用化。

教学内容的选取根据学生的生活和工作需求，力求实用化。例如某级英语某班同学工作中因参加国际展会，需要将某公司的公司简介翻译成英语；又如某餐厅常有外籍人士就餐，需要将菜谱进行英译；再如某公交车站公示语翻译有问题，需要进行修改。教师将这些源于生活、与未来工作岗位密切相关的翻译案例，引入课堂，大大提升学生学习的兴趣。

第三，项目设计情境化。

课堂教学中如能提供具有具体情境的翻译项目，有助于学生主动根据情境要素，联系所学的翻译理论和技巧主动解决问题。在设计项目要素把握方面，可根据德国翻译家斯蒂娜·莎弗纳（Christina Schaffner）的“模仿真实情景”教学法，再现翻译情境（Translation Situation）的各个要素，如翻译项目的发起者（Translation Requester，可以是翻译社、企事业单位等）、译文使用者（Target Text User，可以是外国游客、某产品的外国使用者等）、译者（Translator），翻译目的（某文本翻译需达到的目的）等。课程组将这些要素归纳为四个W和一个H，即人的因素（Who）、时间因素（When）、地点因素（Where）、目的因素（Why）以及方式因素（How），并用这五大因素保证每个项目的情景化。例如在菜名的翻译教学中，借助仿真英语实训室的餐桌等道具，通过短剧导入的形式将“龙井虾仁”“东坡肉”等菜名翻译的情境呈现出来。又如某景区公示语翻译改错项目中，以图片的形式展现某外籍人士同一天在景区看到的两则不同的公示语翻译。教师只需稍加点拨，学生就能主动快速地根据情境进行分析，很多同学都能得出需要统一景区译名的结论。

第四，项目实训过程化。

翻译项目教学中，翻译学习者解决问题的过程同时也是他们主动建构的过程。英国翻译理论家皮特·纽马克（Peter Newmark）提出翻译学要做的是告诉学生所有翻译程序涉及或可能涉及的东西。可见在项目教学中，应以过程为导向，参考经验译员工作过程的典型工作阶段，将项目任务分解为不同的阶段或者环节，让学习者按照工作环节解决翻译问题。我们在教学过程中根据德国翻译家达尼尔·葛岱克（Daniel Gouadec）对翻译行业的研究，将翻译项目过程分为几个步骤展开。在实际的教学过程中，又融入了反思性学习理论、目的论等，个性化地将翻译项目实训的过程简化。

在译前的阶段，需要做一些翻译前的准备并制订相关的翻译计划，还需要厘清翻译项目中的关键因素和背景信息，例如目的因素、人的因素。厘清这些关键因素有助于指导我们在进行翻译时解决一些细节问题。在译中阶段，建议译者提升自身的翻译技巧和决策能力，并有效利用相关资料、网络字典、平行文本、语料库等翻译工具辅助翻译。译后阶段看似没有必要，但对于翻译初学者来说是非常好的自我提升的途径：译者注能够具体地记录译者的翻译过程，便于反思；通过译后感的书写，译者能对自己的翻译过程反思，并总结相关的经验；在完成某一领域材料翻译之后马上进行专业词汇的整理也是译者不断进行积累的途径。

第五，理论知识技能化。

“商务英语翻译”课程中涉及较多的翻译理论，如按照传统的讲授发展能力造成不良的影响。为了能在较短的时间内，比较直观地向学生展示如何运用翻译理论，我们将理论技能化，并用图表、公式、流程等多模态可视化的形式来呈现。如讲解长句的翻译时，又将相关理论转化为技巧。如“菜名的翻译”中，我们将菜名翻译的理论总结为公式，学生按照公式一一填入便能完成基本的菜名直译；再如讲解德国翻译家诺德（Christiane Nord）的目的论时，我们将分析过程转化为三个简单的问题。通过这样的方式，学生能较快掌握一些枯燥的基础性理论，学习效率也提高了。

第六，专家论道可视化。

课程建设至今已经积累了丰富的翻译行业经验和专家资源，但是由于行业专家工作时间的限制，邀请专家授课仍然比较困难。为了配合课堂教学，我们请行业专家、外籍教师、资深议员等对自己的翻译经验或对译文的反馈进行提炼，拍摄 30 秒至 3 分钟不等的视频。我们将这些视频配合课堂教学需要进行播放，并上传到课程网站的视频专区中，供学生反复观看学习。我们还根据课程的性质，分三个系列拍摄专家论道：①行业专家系列，主要请来自行业的专家讲解自己翻译时的心得体会；②外籍专家系列，英语译文的优劣最终还要取决于外籍人士接受程度的高低，因此我们邀请外籍人士对现有的译文进行概括性评价，并对我们的翻译提出高度精练的建议；③翻译专家系列，高校翻译领域专家对翻译理论以及最新动态进行总结。到目前为止，课程组共计录制七段相关视频，学生反馈非常好。

第四节　慕课环境下的“英语语音”课程开发研究

近年来慕课备受教育界关注，它是一种开放式教学模式，具有大规模、社会性等各种优点。从慕课诞生开始，对这种教学模式的研究一直未停止，而且其在教学过程中的应用也越来越广泛。慕课的核心概念是“微课程、小测验、实时解答”，与以前单位课时长、缺乏激励机制和互动教学的课堂完全不同，慕课可以实现在线交流，较短的单位课时，有助于提高学生的注意力。在慕课环境下必须积极加强语言教学模式创新，借助慕课这一全新的教学形式，提高学生语言课程学习的积极性，促进学生课后自主学习实训，实现翻转课堂和“线上”与“线下”一体化教学。

一、慕课概述

慕课也叫作大规模网络开放课程，是一种面向社会公众的免费网络教育形式，是对传统教学模式的颠覆，结合了互联网技术、计算机通信技术等各种新技术，可以在线分享优质教学资源，并且可以为学习者提供完整的学习体验，十分注重教学过程中的互动。2008 年首次提出慕课概念之后，国外很多知名高校都开始纷纷应用这种新型教学模式；在当前的研究阶段，慕课通过碎片化、结构化的教学视频，开放性的学习内容和互动的教学环境，培养学习者的自主学习能力和思辨能力。当前慕课平台上的教学资源主要为微课程，持续时间为 10 分钟左右，甚至更短，有的为 5—8 分钟，讲解的内容是某重点难点知识，在慕课与慕课之间设置了进阶性小问题和小测验，当学生完成某个微课程学习之后，必须完成测试才能继续听课，如果在学习过程中有任何疑问，学生也可以直接提出，由教师或者其他学习伙伴解答问题。在这种学习模式下，学生的注意力更集中，而且每一个微课程学习之后都可以经过测试，对自己所学的内容进行巩固，从而掌握更多知识，循序渐进地开展学习。慕课真正实现了传统教学模式的创新和突破，在慕课应用过程中改变了传统的师生关系和学习模式，使学生自主性、个性化、泛在学习和深度学习成为可能。

二、慕课环境下的语言课程开发

（1）语言和专业知识的结合

将语言教学和专业知识结合起来，不仅可以帮助学生掌握自己所学专业的知识，还可以促进学生的语言应用能力不断提升。实现语言和专业知识的结合是针对当前语言教学过程中基础知识教学与专业知识脱离的现状所提出的。教师在开展语言教学的时候，可以有意识地将一些与学生的专业相关的慕课课程渗透进来，通过教师的讲解和慕课视频，学生能够加深对专业知识和基础语言知识的学习。需要注意的是，在教学过程中应该要使用目标语言进行教学，在课堂上营造一种良好的语言环境，为学生大胆说提供良好基础。例如接待是日常交流过程中的一个常见内容，为了提高教学效率，针对国际商务专业的学生，可以根据学生的专业课程知识，设计一个机场接机的对话情境，让学生用目标语言将专业知识表达出来，进行完整、流畅地对话，不断累积语言素材。

（2）线上线下一体化

慕课资源可以作为教学过程中的重要补充，对语言课堂进行延伸，而且慕课也可以弥补学生在语言学习过程中的不足。慕课虽然是全新的高效的模式，但是不能完全依赖，必须要将课堂教学与慕课结合起来，只有线上线下一体化才能发挥出更大的作用。具体来讲，教师在制作慕课视频的时候，必须结合教学情况，有针对性地选材，让学生可以巩固知识，储存更多的知识；教师在对慕课资源进行利用的时候，必须结合教学课堂内容，提炼教学中的重点和难点，进行巩固讲解，将慕课作为课堂教学的补充，从而丰富学生学习的素材，提高学生的学习兴趣。在课后，学生可以利用在线资源，根据自己的兴趣、需求和时间安排学习，并依托语言社团、语言类志愿者活动、国际游学等第二课堂、第三课堂活动，将在线慕课、实体课堂的内容学以致用，实现线上线下的一体化教学。

（3）课堂上的良性互动

在语言教学的过程中，互动是非常关键的环节，但是由于个人性格、发音、词汇量、口语流畅程度的限制，很多学生羞于开口，导致口语实训输出有限。利用慕课开展教学，就必须改变传统的课堂氛围，在课堂上创造可以让学生开口、互动交际的机会。慕课是在互联网上开展教学的模式，以网络媒介做平台，以虚拟网络为环境，从而减轻学生心理负担，加上教师的引导和巧妙设计，可以提高学生的活跃程度，大胆地和其他学生以及教师进行交流，实现良好互动，提高口语交际水平。

三、“英语语音”课程开发与教学设计

（1）微课视频制作

根据教学目标与教学内容，教师可搜索网络上国内外优质网络音频和视频资源来作为课程视频资源，也可以自行录制教学视频。比如根据高校学生的语音水平，英语语音课程团队可以联合学校英语教师共同录制语音微课视频，以短小精悍、清晰明了、实用典型为原则，拍摄高校学生所需要掌握的基本音素、语音语调等内容的微课。

（2）学生课前自主学习

学生通过观看教学视频，学习发音技巧，了解知识点和任务点，结合个人情况自定学习进度，在学习过程中可以暂停也可以从头回放，进行反复观看和

模仿，最终掌握正确的发音要领。这种学习模式能很好地解决学生程度不一的问题，避免了水平较差的学生因羞涩和颜面的原因而不愿在课堂上表现，从而失去锻炼的机会。课前除了观看视频，教师还针对本次课的知识点设计一些练习供学生完成，自我检测视频观看的效果。翻转课堂模式能够让学生可以随时随地利用碎片时间进行学习，学习更有针对性，变得自主化和个性化，也突破了传统课堂的局限性。

综上所述，慕课是一种全新的教学模式，将传统的教学模式和现代信息技术有机结合起来，使得教学形式有很大的程度创新。在语言教学过程中，可以加强对慕课教学模式的应用，从教学内容、教学方式创新等多方面着手，为学生创造良好的学习氛围，提供丰富多样的学习素材，并且学生可以自主安排学习时间，兴趣不断提高，为培养语言方面的职业能力奠定坚实基础。

第五节　生态视域下的商务英语翻译微课开发研究

国内学者对微课程的定义不尽相同。有学者基于对微课的内涵和实践的分析，将其定义为“基于学校资源、教师能力和学生兴趣，以及主体模块组织起来的相对独立于完整的小规模课程，具有‘短、小、精、活’的特点，适用于学校教育的各个阶段及各类课程”。微课的核心内容是课堂教学视频，同时还包含与该教学主题相关的教学设计、素材课件、教学反思、练习测试及学生反馈、教师点评等教学资源，它们是以一定的结构关系和呈现方式共同营造了一个半结构化、主题突出的资源单元应用“生态环境”。因此微课与传统的教学设计、教学课件和教学反思不同，它是基于这些基础构建的新的课程资源形式。

一、微课教学设计生态理念

（1）整体处境

生态理论强调整体和处境，整体性是指生态系统中的个体与个体之间，个体与环境之间是相互联系、相互依存的整体；处境是指生态系统中的个体不是孤立存在的，而是处在某种特定的环境中的。生态理论指导下的商务英语翻译实践和教学也强调翻译生态中译者、委托人、译文读者以及其他相关因素共同存在于商务英语翻译生态中，翻译生态具有一定的整体性。而任何翻译任务都不是以“文本—译者”这种孤立的形式呈现的，而是具有一定的“处境性”，译者必须根据翻译任务所处的特定的翻译生态环境进行分析、选择和适应，从而使译文与翻译生态达成整体的和谐。

在商务英语翻译教学设计中，翻译任务的设计应该考虑翻译生态的整体性和处境性，如实地反映真实翻译生态的情况，引导学生在完成翻译任务时，不能孤立地看待原语文本。因此微课教学设计中的导入环节，以仿真的情景剧形式，交代了学习情景，让学习者尽快地入境，紧接着在翻译技巧的讲解和翻译实训两个环节均依托导入部分的情景展开。这样一来，教师的讲解和学生的实训都是在具体化、整体、处境的翻译生态中展开。

（2）以人为本

注重“以人为本”就是将实现人的全面发展的价值目标诉诸“人—自然—社会”整体协调统一的具体实践中，体现了人的解放和自然的解放的内在统一。因此根据生态伦理，遵循生态翻译理论中的“译者中心”，在商务英语教学中以学生为中心，注重以人为本，关注学生的认知、情感需求，充分体现中国传统生态观，对商务英语翻译教学实践有一定的促进作用。

在微课设计过程中，教师应尝试为学生构建多维学习支架，辅以多种形式教学资料，通过寓教于乐的教学形式，提高学生学习兴趣，降低学生学习的焦虑感，充分体现了对学习者认知和情感需求的重视。微课设计为学生搭建了多维的学习支架，以降低学生学习的难度和学生的焦虑。

教学活动的设计和教学资料的选择也应该充分考虑学生的认知和兴趣需求，比如，在微课的翻译实训环节采用竞赛、竞猜的形式提高学生的兴趣。教学素材的选择方面注意学生的认知和情感需求，力求源于生活，反映实践需求，图文并茂，结合有声文件，提高教学效果。

（3）终身发展

生态思想的重要特性之一是动态性，商务英语翻译教学中应将学生的学习视为一种动态的过程，教学中不能只着眼于当下，而应该充分关注学生终身发展的需求。微课的设计应重视传授有利于学生长期发展的内容，提高学生对反思和总结的重视，将基本的思维品质、职业素养、道德品质融入教学中。

学生接到相应任务前，可以做相应的资料查找等准备工作，这种准备工作将在日后工作中体现为学生基本的职业素养和责任心；译中阶段避免盲目刻板地照本宣科，而是指导学生以译员的主体身份思考如何进行选择和适应，这种思维能力和决策能力将是学生日后完成翻译任务的重要能力；译后阶段要求学生反思和总结学习和实践中的经验和体会，养成这种反思和总结的思维习惯，将会帮助学生今后迅速成长为译员或综合型的商务人才。此外，微课的实训环节可采用让外籍人士看译文，根据外籍人士的反映来评判译文的优劣，通过这种形式让学生对翻译的标准中“读者反应”的重要性有了更深的认识，这种活动为学生日后的翻译实践提供了新借鉴，一方面借助外籍人士力量可以从某种程度上提高译文的质量，另一方面评判译文成功与否可以参考目标读者的反应。最后翻译教师还为学生提供课后学习的平行文本、词汇列表等相关资料。通过以上的设计，商务英语翻译教师无须在课堂内强调学生的发展、译者的责任心或者某个翻译理论，通过精心的设计可体现出对学生职业技能、理论水平、思维品质、自主学习的重视，体现了终身学习的自我发展观。

二、设计环节分析

本节以笔者所在团队所设计的微课“菜名的翻译”为例，分析设计微课的相关内容。

（一）环节一：教学导入

在设计“菜名的翻译”这一微课时，导入部分的环节需以较短的时间吸引学习者，尽快地将学习者带入菜名翻译的情境之中。为了满足这一目的，本微课设计时选择了情景短剧的形式。短剧讲述了班级一名同学在未来的工作中临时陪同领导去某餐厅宴请重要的外国客户，需帮助翻译，但是译到“龙井虾仁”这一菜名时这名同学不知道怎么译了。本微课以这种短剧的形式直接引出下一环节“翻译的技巧”。短剧中使用了我校“仿真英语实训室”的试验设备创造仿真的学习情景：菜的模型、餐具、台签、中式餐桌椅。短剧的人物选择了班级中两名比较活跃的同学和一位外籍人士。在外籍人士的选择中，比较理想的情况是这位外籍人士以英语为母语，但不懂中文，对中国文化的了解程度一般。这个部分的设计关注到了几个要点：一是“入境”，即为吸引学习者尽快进入学习状态，引起学习者的兴趣；二是“处境”，即为翻译技巧的讲解创设仿真的生态环境，让本短剧成为全微课的线索。

（二）环节二：翻译技巧

紧接着第一个环节中的情景导入，本微课的第二个环节是翻译技巧。这个部分从情景导入中的问题“如何翻译龙井虾仁”着手，进行翻译技巧的讲解。借助第一环节的情景短剧，本环节在“龙井虾仁”的翻译过程中，翻译学习者需要考虑的就不仅仅是文本层面的内容了，而应该把文本放在具体的翻译生态下来观察。“龙井虾仁”是译员在餐厅陪同领导宴请重要的外国客人时需要即兴翻译的。

翻译技巧部分重视翻译的过程性，因此用 PWP 的模式指导学生的翻译实践，将翻译的过程分为译前（Pre-translating）、译中（While-translating）和译后（Post-translating）这些阶段。

本微课重点讲解译中的部分。菜名的翻译的译中阶段涉及的信息量比较大，如菜名相关的翻译技巧（如直译、意译、音译和注释）、中式菜名翻译常见的烹调法常见词汇、常见的加工法词汇。在译中教学中，教师暂时只讲直译的方法，其他的翻译方法在翻译实训中通过错误和问题慢慢引出。

（三）环节三：翻译实训

本微课的第三个环节是翻译实训部分，本部分旨在巩固学习者前一阶段的学习，并在实训过程中增加学习者根据翻译生态进行选择和适应的能力。本部分的商务英语翻译实训与普通意义的实训不同。经过教师的设计，本部分将竞赛、娱乐与翻译实训结合，翻译情景与实训结合，合作学习与项目实训结合。本部分还将生态翻译理论中“事前预防”和“事后追惩”概念融入本部分中。

本部分从导入部分的情景入手，目标读者为导入部分的外籍人士。学生按照 5—6 人组成一组进行小组实训，教师安排每组同学翻译几道菜，以此引导学生根据具体的情景，以译者的身份进行选择和适应。实训的最后一步是请每组同学向外籍人士展示自己的英语译文，让不知情的外籍人士根据给定的幻灯片上的图片猜这一小组译的是什么菜。如果外籍人士猜对了，说明译文基本达到了预期效果。可以想见，如果外籍人士猜错，这一组的译文肯定是存在问题的。本微课通过这种兼带娱乐和竞赛的方式，将生态翻译理论中的“事后追惩”融入教学过程中。这种方式优点在于，通过再现仿真的翻译生态，直观地让学生感受到“原文—译者—译文—读者”在翻译生态是否和谐。这种直观的感受能够促使学生在下一次进行翻译实践时做好“事前预防”。

（四）环节四：专家论道

商务英语翻译教学中，教师和学生进行某个专题的学习和实践的时间常常只有几个学时，本微课的学习仅 20 分钟，因此在微课中专业译者的经验之谈显得尤为珍贵。设计中在第四环节安排了专家论道，授课教师采集了两位教师的谈菜名翻译经验的视频，两位老师都已经从事涉外工作多年。

在最后编辑课件时，由于时间有限，仅保留了其中一位老师的视频。老师建议在翻译菜名时注意菜名的翻译和文化相结合，例如翻译龙井虾仁这道名菜时，应该用注解的方式把这道菜的故事也解释一下。另外老师还从读者和听众心理的角度出发，建议在翻译时可以向听众解释“龙井茶是西湖特有的，有特殊的香味，是别处喝不到的”。这些建议浓缩在短短 20 分钟的微课内，利用多媒体技术，跨越时空，将译员多年积累的综合性的翻译经验展示给学习者。这个部分可以被视为讲授的一部分，也可以被视作翻译生态中，供学习者模仿的行为，为下一环节学习者进行反思总结行为提供示范。

（五）环节五：总结反思

本微课第五个环节设计了总结和反思。有学者在论述翻译生态环境时对翻译行为进行了一定的论述，他将翻译行为分为五类，其中第四类为“自我评价、反思反省的行为”。教师和学生在教学过程中要不断对自己的行为进行反思和自我评价，对翻译实践和教学实践进行反复思考以期取得最佳的教学效果。“菜名的翻译”微课中，教师在前四个教学环节的基础上，引导每名同学独立采用笔头（Journal Writing）的形式对本课的学习和实践进行总结，并注意语言的精简性。在此基础上，让同学分享自己的总结，教师也以教师、翻译实践者、翻译学习者的多重身份，对本课的学习进行总结和反思。

（六）环节六：拓展资源

为了保证学习者具有丰富的拓展资源进行必要的自主学习，微课以“商务英语翻译”课程为平台，提供了常见词汇、平行文本、背景知识、图书资料、规范性文件等一系列的拓展资料。这些拓展资料不仅能供学习者自主学习，同时也能为学习者自主学习其他商务英语文本的翻译提供策略性的指导，学习者将会逐渐发现哪些类别的拓展资料对自己的学习比较有帮助，有心的学习者也会逐渐思考如何获取这些资料。从生态的角度考虑，这种拓展资源的构架向学习者展示了如何从翻译生态中获取有利的信息，辅助商务英语翻译学习，对学习者的长期发展大有好处的。

第六章 “线上+线下”混合教学共同体研究

第一节 教学共同体构建

一、教学共同体

狭义的教学共同体是指落实教学任务、开展教学改革、促进教师教学成长的最基本单位。而广义的教学共同体是指教学生态中，校行政企协育人的教学共同体。教学共同体共同制定教学标准，共同授课，共同考核，共同指导实践竞赛，共同开展科研和社会服务等。

二、“线上＋线下”的商务英语教学共同体构建与运行机制

高校商务英语教学共同体的构建能有效提高教学的针对性、时效性、实用性，利用“互联网＋”的优势，根据行业、学科发展等需求，形成专业教师、外籍教师、行业教师构成的“线上＋线下”教学共同体。

线上教学共同体主要通过线上指导、课程拍摄等形式开展。

①线上指导。由于时间和空间的限制，行业教师和外籍教师与专职教师协同教学的难度比较大。通过线上指导，行业教师、外籍教师、专职教师能远程

利用碎片化的时间，更加便利地对学生学习、竞赛、实践等提供指导。

②课程拍摄。根据课程本身的需要，邀请行业老师等为商务英语专业在线课程进行课程的拍摄，便于学生随时通过在线课程进行学习。如实操类微课，行业教师具有先天的优势，他们有第一手的最新案例，熟悉实操的流程，这部分课程由行业老师拍摄最为合适；如翻译批评类微课，外籍教师作为母语人士对国内旅游景点等的英译文本的接受度拥有评价权，因此这部分微课建议由外籍教师通过案例批评形式开展。

线下教学共同体主要通过实训指导、教学研讨等形式开展。

①实训指导。商务英语专业的工学交替、认知实习、专业实习、顶岗实习，特别是学徒班的实习过程中，均由行业教师实地指导和校内教师远程指导实现，保证了实习实践过程中的教学效果。

②教学研讨。通过教学研讨，中外教互通对教学理念的认识；专职教师与行业教师可研讨确定教学内容、实训内容、考试内容、考核标准；专兼职教师可以共同开展社会服务与科研。

第二节 学习共同体构建

一、学习共同体定义

学习共同体是学习者在共同目标的引领下，在同伴支持和知识共享的基础上，开展对话、分享、协商、反思等实践活动的特殊组织形式。学习共同体也是一种多元、民主、平等而安全的开放式学习环境。学习共同体的构建是以共同的有意义的学习目的为基础，通过学习过程中的支持、互动、对话、分享等形式，促进学习者认知的发展，激发学习者的主体性，提高教学质量。

二、“线上 + 线下”的商务英语学习共同体构建与运行机制

商务英语学习共同体的构建需要以社会需求、行业动态、学生情况、学科发展为依据，利用好“线上”和“线下”两种资源，构建商务英语学习共同体。

“线上”学习共同体，主要依托在线课程、英语学习手机应用、公众信息平台、在线群聊等开展。

①课前，要求在线共同体完成预习、讨论等，主要涉及背景资料查找和讨论、公众信息平台内容学习等，能有效激活学习者所掌握的相关知识。

②课中，进行问题讨论、意见分享、模拟实训等，主要涉及讨论的头脑风暴、素材分享、作业区相互改译文等，能促进学习者知识分享和共同建构。

③课后，基于在线平台，开展项目作业展示、小组互评、单词打卡等。线上的学习共同体具有灵活性、碎片化的特征，符合学生的学习倾向性，通过同伴效应促进学习习惯养成、自我意识提升。

线下学习共同体，主要通过课堂学习、学科社团、学习竞赛小组、社会实践团队等展开。

①课堂学习中，通过小组讨论、二人项目作业、同伴评价等形式，可以促进学习者之间的对话、知识分享和合作。

②学科社团中，可以以英语基本能力为依据构建商务英语专业“社团化”+“国际化”教学格局，如主要组织学生开展口语相关的活动，提供笔译相关的社会实践，开展与口译、英语讲解相关的服务国际会议等涉外活动的实

践，培养学生“国际化”素养。学科社团作为课堂的延伸，能有效提供学习者共同深化学科知识的认知和实践能力。

③学习竞赛小组中，2—4 人的学习竞赛小组，按照年级梯队、优势互补等原则进行滚动训练，老生带新生，组员间相互学习，定期复盘，养成良好的相互学习和反思能力。

④社会实践团队，以项目制开展活动，在计划书撰写、资料查找、实地收集资料、分析总结问题、实践报告撰写等整个过程中，组员相互协调，共同学习进步。

三、商务英语学习共同体构建案例——以“国际化”培优班为例

（1）定制“英语 + 小语种”课程，强化跨文化沟通能力

可为学生定制“英语 + 小语种”课程，在增强学生英语语言能力的同时，增加企业需求较为集中的小语种课程，有效强化学生跨文化沟通能力，适应市场需求。第一，开设“竞赛口语”小班课，建设英语备赛赛手库，通过“魔鬼”训练，以赛促学，强化英语沟通能力。同学们组成各项英语、电商及国贸类大赛的备赛库，优先获得比赛机会，代表学校参加省赛甚至国赛。第二，开发“实用西班牙语”“实用捷克语”等小语种课程，以“实用为主、够用为度”的原则集中优势资源分小班开设，每周授课，并按学期考核，将“英语 + 小语种”的能力真正赋予学生，共计开设小语种班 3 学期（12 周 / 学期）。第三，开展国别文化讲座，让学生掌握其他国家的风土人情和文化知识。第四，开展“行业专家”商务职场专题讲座。每学期邀请 3—4 位涉外领域行业专家进行主题讲座，让学生接触行业第一手资讯，清晰认识到国际化进程下的行业企业对人才的复合型需求。

（2）搭建外语实践平台，培养职业素养和工匠精神

指导教师团队搭建翻译工作室、社会实践、志愿者、行业参观、游学等多种平台，促进学生职业素养的养成。

第一，精心设计社会实践，用专业知识回馈社会。

由专业教师结合专业特色选定暑期社会实践选题，带队走进社区、景点等开展涉外调研，培养学生语言敏感性和社会服务意识。

第二，开设翻译工作室，提供翻译实践机会。

工作室以项目运作的方式让学生参与笔译，按劳计酬，活学活用课堂知识，磨炼商务沟通技能，体验译员的酸甜苦辣。

第三，搭建志愿者服务平台，服务涉外会议。

学院集中资源，积极对接国际会议、国际赛事及国际论坛，通过语言类的专业志愿者服务提高学生的语言应用能力和国际交流能力以及应对和处理问题的能力。

第四，担当学院“学生大使”，为国际友人讲解校园景点。

培优班的学生以“学生大使”身份服务来学校参观交流的各个国外代表团，用流利的英语为他们讲解校园景点。在实践和提高语言能力的同时，更是开阔了国际化视野，锻炼了跨文化沟通能力。

（3）培育“外语+”创新项目，提升科技创新创业能力

邀请相关机构、企业和协会的专家为学生指导，借相关竞赛等平台，将结合“互联网+”和人工智能的大背景，打造师生创新创业工场，带领学生备战科技创业类竞赛，积极探索专业学习和就业发展的新方向。

第七章　信息技术、任务驱动教学法与商务沟通英语教学研究

第一节　研究背景与研究意义

在全球化背景下，面临激烈的市场竞争和经济全球化挑战，企业提升核心竞争力和文化管理水平的需求日益强烈。一个公司要在国际市场竞争中占有一席之地，不仅需要具备很强的经济、技术和管理水平，而且需要其成员具备高超的商务沟通技能。在企业内部，要使所有成员在一个共同目标下协调一致、努力工作，需要企业成员互通有无、有效沟通。在市场竞争中，大力推销企业产品、树立良好企业形象、建立有力的商务联系网络、取得商务谈判的成功等都有赖于商界人士卓越的沟通技能。有效商务沟通是现代商务管理活动和管理行为中最主要的组成部分，也是管理者及商界人士最重要的职责之一。正因为如此，世界上许多大公司都十分重视商务沟通技能的培训，越来越多的经贸类学院也开始把商务沟通课程列为选修或必修课程。与此相应，商务英语作为将“商务”与“英语”有机结合的应用性学科，对如何培养学生的商务英语沟通技能格外重视。作为特殊用途英语，商务英语教学非常强调学生实际操作能力的培养，如何合理有效地进行实践教学是商务英语教育者孜孜以求的核心问题之一。本章以商务英语方向研究生商务沟通的课程建设为例，探讨采用信息技

术和任务驱动教学法建设商务沟通英语实践课程的理论基础、实践方法和教学效果。

第二节　信息技术与任务驱动教学法

信息技术是指“信息的收集、存储、处理、传播和应用”，是“通信技术、计算机技术、多媒体技术和网络技术的总称”。信息技术具有数字化、多媒体化、网络化和智能化等特点，其性能和应用价值受到教育界的高度重视。它面向真实情景下的教学，是基于设计的研究或设计实验或发展研究。如何将信息技术与课程整合，是近年来专家学者密切关注和探讨的问题。有学者在总结以往研究的基础之上认为，将信息技术与课程整合是指“以先进的教育教学理论为指导，在课程教学过程中把信息技术、信息资源、信息方法、人力资源、课程内容和课程教学等有机结合，把信息技术作为一种工具、媒介和方法融入各学科的教学过程中，共同完成课程目标的一种新型的教学方式”。教学中，信息技术可以作为学习对象、教学工具以及学生的认知工具被整合融入课程之中。作为教师的教学工具，信息技术可以充当演示工具、交流工具、个别化学习与辅导工具、提供与创造教学资源环境的工具以及测评工具。作为学生的认知工具，信息技术可以作为信息加工与知识构建工具、协作学习工具以及探究学习工具。将信息技术与课程整合有利于实现以教师为主导、学生为主体的教学模式，激发学生以自主、探究、协作的方式建构知识体系，提高其创新能力和实践能力。与以往教学研究方法不同之处除了“比较强烈和明显的理论追求外，更在于对技术手段的重视和运用，即在基于设计的研究中，教育技术手段的运用和网络的支持是开始一个研究过程的前提，技术的应用和设计贯穿于整个研究过程中”。

近年来，将信息技术与课程整合需要“以先进的教育教学理论为指导”，而任务驱动式（Task-based）教学法作为教育领域尤其是第二语言习得领域的先进教学理论开始与信息技术紧密结合并受到广泛重视。

任务驱动教学法起源于第二语言习得理论。受交际教学法（Communicative Approach）影响，任务驱动教学法认为第二语言习得与母语习得相似，最好在自然语言环境中进行，其间学习者通过真实语料的大量输入、输出与反复实践逐渐习得语言知识。此外，受建构主义理论影响，任务驱动教学法认为，对知识的掌握不能依赖教师的传授或灌输，而应以学习者为中心，把学习设置到自然、（模拟）真实的任务情境中，让学生通过合作、交流与互动，完成由简到繁，由易到难的交际任务，习得隐含于任务中的知识与技能，建构对语言知识的理解，最终完成意义建构。在此观点指导下，任务驱动教学法从关注教法转为关注学法，从注重语言本身（结构、功能系统）转到注重培养学习者的语言运用能力，从以教师为中心转为以学生为中心，教师也从传统的知识传输者成为了任务的设计者和指导者。

一般说来，任务教学法的实施主要分为三个步骤：任务前（Pre-task Phase，即任务设置准备阶段）、任务中（During-task Phase，即任务实施阶段）和任务后（Post-task Phase，即任务总结评估阶段）。在其中任何一个阶段，采用信息技术都可以对任务驱动教学的效果起到辅助提升作用。下面我们将对信息技术支持下采用任务驱动教学法进行商务沟通英语教学的实践方式进行简要分析。

第三节　信息技术、任务驱动教学法与商务沟通英语教学探索

在信息技术环境下实施基于任务驱动的教学法，就是教师根据教学任务，合理运用现代信息技术，以学生为中心设计基于主题的学习活动。在商务沟通英语教学实践的各个教学环节，贯彻任务驱动教学法的主体思路，并着意采用信息技术手段，促使学生在模拟真实情境的任务驱动下，在自主或协作的学习环境中，在探究性完成任务的过程中完成学习活动。

一、学习任务的设立

作为任务教学的开端，此阶段主要完成任务实施前的准备工作，即明确学习目标、准备学习材料、组建学习小组、确定学习任务。

在这一环节，教师首先依据前期调研，确立以提高学生的商务英语演说技能、会议组织参与技巧、团队合作技巧、求职面试技巧，以及商务谈判技巧作为商务沟通英语实践课程的主要教学目标。其后，教师在以教材内容为主线的基础之上，通过网络等多种信息资源，搜集丰富的相关资料，并以超文本、多媒体技术制成网络教学课件，放在校园课程网站上，指导学生依据自己的兴趣需要下载阅读，希望以此帮助学生激活有关知识与经验、夯实拓展相关知识范畴，为其在实践活动中完成任务做好知识储备，侧重于提高学生在商务语境中的英语口语交际技能。

为促进学生有效完成各项任务，学生在开学之初就被分成4—5人的小组。依据教学目标，教师将教学内容精心设计、组织成一系列实践任务。例如，为

提高学生的商务演说技能，教师指导学生在课本及网络上阅读大量有关常识和指南，同时为配合扩展学生的跨文化商务沟通知识，教师设计十五项相关研究话题，安排学生依据不同话题，每周以小组为单位依次在课堂进行模拟商务演说。为提高学生的求职面试技巧，教师一方面指导学生从网络及其他途径搜索各种类型用人单位的面试方式、常见问题、应对技巧等信息。另一方面，让学生依据查询到的相关信息组织不同性质的虚拟公司，并参照求职面试中经常提问的问题和面试形式，在课堂组织模拟英语面试。为训练学生的会议组织参与能力和团队合作技能，教师在组织学生了解相关技能的理论基础之上，指导他们在课外进行“实战演练”——学生分小组组成虚拟商务机构，每组以团队为核心组织“半实战”商务沟通活动（如帮助商家进行广告策划，展销、促销产品或自筹经费组办活动等）。虽然各组学生商务交际的形式可以灵活多样，但交际任务必须与真正的商家实践沟通、协作完成。

为协助学生圆满完成各项任务，教师将各项大任务划分为一系列较小的任务，力图引导学生循序渐进、由浅入深，最后通过逐一完成各项小任务来实现总的学习目标。另外，除课堂讲解外，为帮助学生进一步明确教学目标和学习任务，教师还编制了详细的任务手册发布于校园课程网站。任务手册明确指出该课程的教学目标，并对各级学习任务进行了详细明确的解说和指导，以引导学生按照任务描述和提示有条不紊地开展学习活动。此外，手册还标明了各级任务的评估标准和评分机制，以期激发学生的学习动机和热情。下面，我们主要以商务沟通实践环节中的商务演说技能训练和团队合作商务沟通实践为例，分析依托信息技术进行商务英语任务驱动式教学方法。

二、学习任务的实施

在完成商务沟通课程的各级任务时，信息技术在辅助学生提升知识构建、实现协作学习和探究学习方面发挥了重要的作用。在任务实施阶段，教师没有直接告诉学生应如何去解决所面临的问题，而是通过网络提供各种学习资源支持，以此提供解决问题的有关线索。其间，教师引导学生综合应用所拥有的知识技能，通过查询教材或网络资料，借助个体与个体之间、个体与群体之间、群体与群体之间的相互交流、分析、讨论、补充和修正，加深对问题解决方案的理解。

因课程任务比较具有挑战性，充分发挥学生的团队协作能力是促使其圆满完成任务的前提和保障。上文提及，教师在学期之初就将学生组成团队进行“半实战”的商务活动，要求学生与真正的商家交流合作完成一项商务运作。为完成这项任务，学生们发挥创新意识，调动各种有关知识和技能，集思广益，组织了各种形式的模拟商务活动。例如，有的小组帮助周边商家策划并举办促销活动，有的为商家提供商务英语培训服务，有的自创“小公司”买卖销售商品，有的通过为商家做广告拉来赞助组织校园文化娱乐活动，等等。在组织任何一项活动时，各小组都需在一学期内反复组织召开会议、组织团队活动，通过团队成员的协商建立企业计划、与客户或有关机构沟通交流、进行活动宣传、策划资金的收支平衡、进行商务谈判、完成活动运作、最后进行口头汇报、书面总结，以及汇总活动资料上报等各个商务沟通环节。该任务不但贯穿学期始末，而且衔接了课程涉及的各个教学内容。

在任务实施过程中，教师在课堂内外充当了学生商务活动的组织者、指导者、促进者以及评估者。除在课堂上为学生的模拟商务活动提供咨询和辅导外，教师还通过课程网络论坛与学生互动交流，通过电子邮件为学生答疑解惑，并且定期通过网络平台监督学生的工作进度、检查其任务完成的阶段性成果。

学生在任务实施过程中，也充分利用信息技术，助其提升任务完成效果。例如，在任务初始阶段，他们通过网络查询了大量相关资料积累有关知识，随后通过见面会议以及网络对话逐渐确立了各自商务活动的定位。在组织会议时，他们在教师以及课本的指导下，通过电子邮件预先拟定了会议纲要，借以提高会议效能；会议后，他们又按教师要求，将会议记录、总结以及下一步工作计划提交到课程网站，与教师以及其他组成员互相交流。在任务实施中期，很多组成员会利用网络进行商务调查和咨询，例如通过网络查询商业伙伴的信息、调查商务活动的可行性，或者发放调查问卷考察消费者意愿，而且大多小组会借助网络（比如校园网）进行活动宣传组织工作。在活动进行过程中，教师提示小组成员用摄像机、照相机等电子设备记录下活动的精彩瞬间。在任务实施后期，学生们利用多媒体手段设计制作了精彩纷呈的动画课件、幻灯片课件以及相关视频音频材料在课堂上用英语进行了总结汇报。

在任务实施的整体过程中，学生始终在教师指导下通过完成一项项任务“在实践中学习”。学生们走出课堂，在模拟商务实践中演练商务沟通技能，并在课堂内以英语为媒介训练了在正式场合总结汇报的演说技巧。

第四节　学习任务评价

对学习任务的总结和评价是对任务教学的归纳和升华。在商务沟通英语教学的各个阶段，教师都应引导学生进行多层面的总结评价，借以提升他们用英语进行商务沟通的技能。例如，在训练学生的商务演说技能环节，教师在通过课堂教学以及网络辅助手段帮助学生了解商务演说技巧之后，每次课会组织学生进行正式演说。演说者必须遵循商务演说规范、采用已经介绍的演说技巧进行实践演练。其后，其他学生需要依据相关理论，对演讲者演说的优缺点进行书面评价。教师当堂做出点评，并将学生的书面评价以及自己的观点进行归纳汇总，通过电子邮件的形式反馈给演讲者。这样做，一来听众可以通过对别人演说水平的客观评价反复领悟正确的商务演讲技能，二来能够给演讲者提供“安全的平台”（因为评价者是同学而非工作伙伴），借助别人的眼光了解自身的优缺点，并据此对自身商务演说技能进行反思和修正。

对于任务，教师会组织学生以小组为单位，将其在该课程学习期间所做的作业、调查问卷、网上主题讨论、多媒体课件、动画短片、音视频材料等学习成果，整理成电子作品集发表于课程网络平台。这样做一方面方便教师对学生在每一阶段的发展状态和成果进行动态监督、指导与评价，另一方面也有利于学生之间彼此借鉴、互评、竞争与交流。

最后，教师在学期末不仅要把评分与评价通过网络分别公布给学生，还要要求学生用简短的语言对自身商务沟通技能的优缺点进行总结评价，希望学生能够在更清晰地总结自我的前提下，在未来商务沟通实践中懂得怎样扬长避短。

第五节　教学效果分析

采用任务驱动教学法进行一个学期的教学活动后，为对该课程建设的效果进行考察，我们以某届研究生为调查对象，对他们在参与该课之后商务沟通技能可能发生的变化进行了问卷调查。参与该项调查的35名学生对自己上该课之前和之后的商务沟通技能进行了自我评价。问卷客观题部分只针对学生商务口语演说技能和团队合作能力提出问题，其他环节因在课程中所占比重相对较少，所以有关问题以开放式问题形式在问卷后半部分提出。客观题为避免学生不表明立场，特设四级量表。其中，1代表水平很低，2代表水平较低，3代表水平良好，4代表水平高。均值最小为1，最大为4。下面，我们对相关数据的统计结果总结如下。

通过一个学期的训练，学生们商务演说技能的各项指标在均值上都有所提高。学生们的自评结果中，除掌控演说节奏和有效使用音频、视频等辅助工具在学期前后虽有提高但没有呈现显著差别外，其他各项，包括学生对自己演说能力的总体评价都有显著提高。通过教师的课堂观察，学生们在学期初和学期末的商务演讲能力的确有非常明显的进步。

除了“与团队成员精诚合作”一项在学期前后虽有所提升但没有出现显著变化外，其他三项——即积极热情地参与团队活动、在团队活动中展现领导力、出现问题时能控制局面这几项能力，通过一学期的模拟商务团队活动都得到了显著提升。此外，学生在问卷的开放式问题一栏反映，他们的会议组织能力、求职面试能力以及商务谈判能力都在不同程度上有所提高。

商务沟通课程作为一门以培养学生商务英语交际技能为目标的实践类课程，其教学内容、形式以及结果都应考虑市场需求和学习者需求，努力提高学生采用商务英语进行实际商务沟通的能力。为促进课程教学效果效益最大化，我们采用了信息技术支持下的任务驱动教学法组织教学。该课程的任务模式中，输入内容主要来自模拟商务环境，商务知识和交际技能是教学的内容，英语是实施活动和掌握教学内容的媒介，而信息技术是教师与学习者执行教学活动和商务活动的主要交流平台。在该模式中，教师处于主导地位，是任务的设计者、管理者，学习者学习的促进者、指导者和顾问；而学习者则处于中心地位，是商务活动的组织策划和实施者，并与教师一同承担任务的评估者。学生在执行任务过程中，不但提高了英语口语交际能力，而且对课本上有关商务沟通技能的理论介绍有了真实的感悟和体验，因而相关商务英语沟通技能得到比较显著的提高。在全部教学过程中，信息技术在真正意义上辅助教师教学成为有效的演示工具、交流工具、辅导工具和测评工具；并且有效协助学生实现了协作学习、探究学习、信息加工及知识建构。运用信息技术手段去解决和完成任务，不但帮助学生对课程内容本身加深了认知和理解，同时还强化了他们的自主学习能力、创新思维能力、协作学习能力乃至多维信息素养。绝大部分学生在具备一定的信息素养后，能够主动在网上查找资源、熟练运用网络论坛开展讨论，综合利用多媒体手段设计课件、辅助商务演说、设计广告宣传画，组织设计商务报告，等等。总之，信息技术支持下的任务驱动教学模式帮助教师和学生在有限的时间内，最大限度地提升了商务沟通英语实践课的教育教学效果。

第八章　SIOP模式下商务英语创新教学

第一节　SIOP模式及其对我国外语教学的影响

SIOP 模式全称是庇护式教学观察协议（Sheltered Instruction Observation Protocol），该模式的设计目的在于将语言发展与课程内容教学相结合，为教师提供一个设计和实施教学的范式。目前，SIOP 模式已经广泛应用于美国境内双语、英语作为第二语言及双向浸入式课堂中。

一、SIOP 模式产生的背景

20 世纪末以来，随着世界各国移民大量涌入美国，美国很多学校母语非英语的学生越来越多，而这些学生的学业水平不如本地学生。造成这一现象的原因是多数学校在教学上没有满足学生需求的多样性。

虽然美国在 2001 年颁布了《不让一个孩子掉队》的法案，要求核心学科教师具有很高的素质，但法律并不要求学科教师把英语作为第二语言的教学方法，教学方法和教师的教学理念都无法适应时代的变化。SIOP 模式是在这一背景下应运而生的，并在美国推广和逐步完善。

（一）SIOP 模式的形成过程

SIOP 模型的形成包括以下三个阶段：

第一个阶段始于 20 世纪 90 年代初，研究的目标是在“庇护式教学”的基础上开发出一套“观察规则”，以明确教师是否在教学中运用了为学生提供“保护”的技巧。该“观察规则”是通过实验、教师反馈、课堂观察，并结合文献研究等开发出来的。

第二阶段从 1996 年开始，研究目标是开发明确的 SIOP 教学模式。在这个教学模式里，可以提高教师的教学水平。经过大量的实验研究证明，这种方法对学生的语言技能提高有一定的效果。

第三阶段是 1999 年至 2002 年，这个阶段的目标是验证这种教育模式的有效性和它的可操作性。在这一阶段，教师和研究人员组成的团队建议 SIOP 模式不仅是一套课堂观察规则，还应成为备课和授课的体系。他们还研究了其他的教学方法，将知识教学与学生主动观察相结合，并对整个过程进行评价。

（二）SIOP 模式应用的范围

SIOP 模式可以用在英语为母语和非母语的学生组成的混合班级里。教师可以是第二语言的教师，也可是接受过 SIOP 模式培训的学科教师，如数学、科学、英语、社会科学等学科的教师。

二、SIOP 模式的理论基础

SIOP 模式的主要理论基础是维果茨基的社会文化理论，该理论强调文化在“如何学”和“学什么”两个方面所起的重要作用。第一，社会文化理论学者认为，人们学习新概念、语言和技巧是建立在自己的语言背景和文化理解基础上的。第二，新知识的理解与掌握、新技能的形成是通过和别人的交流互动来实现的。对话是学习的主要工具，如果合理加以运用，则有助于学生达成新的理解。上述两种理论都把重点放在学科内容和学科语言上，重视运用语言学习策略，并强调亲身体验活动。

此外，该模式还吸收了情感需求、文化背景、学习风格和多元智能领域的研究成果。

三、SIOP 模式的具体内容

SIOP 模式主要包括前期的教学准备、教学实施、复习和结论评价三个阶段。在这三个阶段中又包括很多方面和很多细则。其中包括教学准备、构建背景、可理解输入、策略、互动、实践与运用、授课、复习与评价八个方面。分别阐述为：第一，在课堂的准备阶段，要选择合适的辅助性材料，根据学生的英语水平改编教学内容，明确教学目标；第二，构建背景主要是指要对学生的知识背景和学习经历进行调研，要让学生根据已有的知识学习新知识；第三，理解性输入是使用适合学生语言层次的教学语言，让学生明白学习目标和学习任务是什么；第四，学习策略，要采用多种方法进行教学，可以现场答辩或者小组讨论，给学生提供使用学习策略的机会；第五，交互就是课堂互动。在课堂互动中，为学生提供讨论的机会，这样的机会能促使学生之间进行语言交流，留出足够的时间让学生发表意见，提高他们的语言交流能力和解决问题的能力；第六，实践与应用主要是让学生将学习到的知识应用到实际问题中去。多采用模拟真实场景的形式让学生置身其中，用他们所学到的知识进行活动；第七，授课主要是教师进行授课，学生参与课堂学科活动及完成语言目标；第八，复习与评价，主要是让学生对所学的知识进行复习，对他们所学的最终结果进行评价，以评价结果来判断他们掌握知识的程度。另外，这八个方面包含三十条细则。

四、SIOP 模式对我国外语教学的影响

在美国，SIOP 模式是用英语作为教学语言对英语学习者进行学科教学的一种教学模式。在我国，外语教学指的是部分或全部使用外语，作为学校教学语言来教授非语言学内容，如数学、物理、化学、地理等学科。因此，SIOP 模式和我国外语教学有很多共性，对我国的外语教学具有重要的启示意义。

（一）外语教学应该以理论为指导、以学生为主体、以实践为导向

SIOP 模式取得成功的主要原因是以科学的理论为指导。该模式主要是对学习者的学习背景进行调研，在教学过程中重视教师与学生、学生与学生之间的互动关系。SIOP 模式起源于美国，并且经过了长期的科学实验，优秀的教师和研究人员进行合作，收集、分析了大量的数据，在理论指导和实践的基础上形成的教学策略，其可行性比较高，可操作性、针对性比较强。SIOP 模式的形成过程对我国外语课堂教学的理论与实践研究具有重要的借鉴意义。

SIOP 模式在形成、推广和研究过程中，一直以课堂教学为聚焦点。其三十条细则都是围绕课堂教学。基于 SIOP 模式的启示，我国的外语教学应当形成科学的、符合国情的课堂教学模式。如果不对外语教学进行研究，或者改变传统的教学模式，就没办法达到良好的教学效果。

SIOP 模式主张教学过程中要以学生为主体。教师在教学过程中要对学生的学习背景进行调研和了解，以学生原有的知识基础为前提进行教学内容的改编。重视通过各种手段进行教学，重视学生能够在充分的时间里对所学知识进

行理解和应用。主张通过各种各样的方法给学生提供交流的机会。SIOP 模式的成功经验表明，我国的外语教学必须改变传统的教学模式，要运用现代科技采取多种方法，以学生为中心，让他们参与进来，提高自主学习能力，能够独立解决问题。

（二）外语教学应兼顾内容目标和语言目标

教学目标是学科教学的出发点和归宿，是选择教学内容、实施教学过程和进行教学评估的前提和依托。如果教学目标不明确，就会导致教学过程盲目、混乱，达不到理想的教学效果。

长期以来，对外语教学的目标一直有以下几种看法：有人认为，外语教学的目标就是让学生掌握一种语言，能运用这种语言进行沟通；有人认为，外语教学的主要目标是习得外语，培养外语能力，即外语教学的目标应兼顾母语和外语能力的培养；还有人认为，外语教学应兼顾外语语言目标和学科内容目标。SIOP 模式强调，商务英语学科教学目标应兼顾内容目标和语言目标，而且教师在每次授课时应当以书面和口头两种形式向学生明示具体的内容目标和语言目标，教师在课堂教学的整个过程中应专注于这两大目标，并通过采用有效的教学策略确保目标的实现。

根据第二语言习得理论，二语言和外语的习得只能建立在可理解的语言输入的基础上，这在客观上要求外语教师应确保学科教学内容被学生所理解，然后学生才可能习得目标语。因此，我国的外语教学应当兼顾语言目标和内容目标。脱离学科内容目标而片面强调语言目标不仅会牺牲学科内容的学习，而且语言目标也难以达到。就目前我国外语教学来说，目标语的习得建立在可理解的学科内容输入的基础上，这是习得语言的必要前提和保证。

（三）我国外语教学需要有一种很高信度和效度的评价工具

SIOP 模式既是一种有效的教学模式，又是一种有效的、可行的课堂教学评价工具。该评价工具是在理论的指导下和长期的教学实践与研究中提炼出来的，因而具有很高的信度和效度。其三十条细则清晰明了，每条细则都是具体的、可观察的、可操作的、可量化的，都是为了实现两大教学目标服务的，突出了对英语学习者进行学科教学的特性。例如，该评价工具强调了关键词和关键概念的学习，强调了问题或任务的设计，还强调了学生听、说、读、写四种语言技能的培养。该评价工具另一个突出的特点是具有多种功能，可以作为教师备课核对表和自我评价工具，也可以作为教师或教学管理人员的课堂观察工具，还可以作为实习教师的指导观察工具。该评价工具的运用可以帮助教师更科学、更有效地进行课堂教学，更好地反思自己的教学，因而有助于教师的专业发展。

从总体上看，我国目前缺乏来自理论研究和实证实验的、具有广泛影响和体现外语课堂教学特征的评价工具。现有的外语教学评价工具缺乏语言教学理论的指导，没有充分体现出与实现语言教学目标相关的特征，也未能充分体现出学科教学的特征。而且现有的评价工具的侧重点是对教学结果的评价，而未能像 SIOP 评价工具那样对课堂教学整个过程给予充分的关注。此外，评价的细则不细，过于笼统宽泛，缺乏针对性和可操作性。事实上，外语教学评价工具应当像 SIOP 评价工具那样侧重形成性评价与诊断性评价，应注重教的行为与学的行为的统一、教学过程与教学效果的统一、内容目标和语言目标的统一。当前，我国外语教学的快速发展客观上迫切需要开发出聚焦课堂教学的、具有很高信度和效度的课堂教学评价工具，从而使外语教师在备课、授课、观课、评课、课后反思等方面具有可靠的工具，消除外语教师课堂教学凭经验或感觉的弊端，进而提高外语课堂教学的规范性和有效性。科学的评价工具有利于促进外语教学质量的全面提升。

SIOP 模式对我国外语教学目标的制定、外语教学的实践、外语教师教学能力的培养和外语课堂教学评价工具的研制都具有重大的借鉴意义，对推动我国外语教学的进一步发展具有重要作用。

第二节　语言经济学视角下商务英语的SIOP模式思考

近年来，国际商务活动迅速增长，对外语人才的需求呈现多元化趋势，过去单一外语专业人才已经不能适应社会经济发展需要。当今社会对既具有扎实商务英语语言技能又掌握商务专业知识的复合型、应用型商务英语人才的需求增大。语言学家和经济学家就语言与经济活动的联系开展了很多研究。索绪尔指出，语言是一个纯粹的价值系统，揭示了语言与经济学的联系。亚当·斯密（Adam Smith）在《国富论》中就研究过语言对经济活动的影响。语言经济学（Economics of Language）是一个跨语言学、经济学、教育学等学科的新兴交叉学科。美国经济学家马尔沙克（Marschak）最先提出语言经济学的概念，认为语言具有价值、费用、效用和收益四个基本经济属性。加拿大经济学教授瓦尔兰科特（Vaillancourt）概述了语言经济学的基本理论，标志着该学科的形成。瑞士经济学教授格林（Grin）提出用经济学的研究方法和手段来研究语言变量。近几年来，我国学者也逐渐开始重视语言经济学视角下商务英语教育的研究，主要进行的是宏观层面的研究，而微观层面上的商务英语教学改革研究并不多见。作为商务英语学科的理论基础之一，语言经济学的主要理论观点包括：第一，语言是一种人力资本；第二，语言被看作是一种公共产品；第三，语言是一种制度。

一、语言经济学视角下商务英语的特点

语言的学习被看作是一种人力资本的投资，语言的使用也体现了其本质的经济价值，其效用的发挥取决于多种因素。为了获得语言的使用能力，就需要进行教育投资，如购买书籍、教学课程等。语言能力形成后又会给学习者带来回报，如满足个人的兴趣欲望、带来额外的收入和就业机会等。此外，当选择获得一种语言能力的时候，也就意味着放弃了选择学习另一种语言的可能性，这也是机会成本。商务英语作为一种通用语言，语言学习者要权衡获得这种语言能力的成本和收益。在语言学习直接投入和机会成本相似的前提下，学习者要追求商务英语语言使用能力能够获得的直接和间接利益。然而，商务英语的课程设置中与商务英语专业相关的课程并不是很多，也缺乏一些必要的商务实践课程、实训设备和基地等。因为商务英语不是一般的英语教学，它需要帮助学习者从事商务活动，追求语言交际效用的最大化，因此，实训实践环节显得尤为重要。

随着社会信息化的发展，人们对商务信息的整体认知度提高了很多，原本属于专业术语的一些商务英语词汇正在转化为公共产品。例如，商务英语词汇大量出现在新闻报道、影视作品中，IPO（Initial Public Offerings，首次公开募集股票）、FDI（Foreigner Direct Investment，外商直接投资）等专业词汇逐渐为人所知。商务英语的流行度越高，其公共产品的效应就越强，从而降低了社会的交流成本，通过语言加深了理解，达成了共识，促进了经济发展和贸易往来。但是，这也给商务英语学习带来了更多的挑战。随着大众对专业词汇的了解和

运用，商务英语的学习必须在广度和深度上有所突破，来提高自身的含金量。此外，世界经济贸易发展变化非常快，新词、新概念层出不穷，因此，高等院校的教材也要及时进行更新。

索绪尔认为，语言不仅是一种制度，还是一种“社会制度”，人们的思维和表达方式都受到这种制度的影响。商务英语作为一种制度，要尽量提高使用效率。例如，在国际商务活动中使用英语信函进行交流，为了使商务英语的使用效率提高，要以较低的语言成本来传达较大的信息量。商务英语之所以可以作为一种新兴事物出现在市场中，其在国际商务活动中效率的优先性肯定是突出的。然而，这种效率优先性是隐含在商务英语的各种表现形式之中的，需要商务英语学习者在实际案例中去体会和认识什么是有效率的语言制度安排。

二、语言经济学视角下商务英语教学面临的挑战

为了持续吸引更多的人学习商务英语，商务英语教学面临着新的要求和挑战。

首先，为了保持商务英语的持续热度和帮助商务英语学习者在学习过程中获取最大的收益，教师需要不断地提高教学水平和丰富教学模式，引导学习者充分发挥主观能动性。同时，高校对既具有扎实英语语言技能又具有丰富商务知识和实践经验的“双师型”教师人才有迫切需求。

其次，随着商务英语作为公共产品的效应的增强，在一定程度上给商务英语教学在广度和深度上带来了更多的挑战。随着经济活动越来越多地渗透到人们的日常生活中，大众对商务英语专业词汇的了解和运用不断增多，再加上越来越多的新词语和新概念被创造，这就要求教师在教学实践中就某一个知识点

深入讲解，同时不断地补充最新的教学资料来满足学生的商务英语学习需求。

最后，商务英语的专业属性揭示了商务英语要追求使用效率的最大化。因此，在商务英语教学实践中，教师要运用丰富多彩的商务实例，让学生具体认识到如何在商务英语信函、商务英语谈判中使用最低的语言成本来进行最有效的交际和沟通。

三、引入 SIOP 教学与观察模式应对挑战

首先，商务英语专业课教师可以有效地利用 SIOP 模式来帮助学生提高学术英语能力和商务知识认知能力；其次，SIOP 模式有利于帮助学生把母语中已经获得的学术认知能力（如已掌握的商务专业基础知识和技能）转移到新课程的学习中去；再次，SIOP 模式能帮助教师在课堂上提供尽可能多的可理解性语言输入，从而促进学生学习语言；从次，SIOP 教学模式有利于帮助教师实现真正的以学生为中心的课堂教学，从而使学生从被动学习转变为主动学习；最后，SIOP 教学模式是为教师提高教学水平提供依据而研发的模式。

以下分别阐述基于 SIOP 模式的八个部分对商务英语教学的指导意义。

第一，从课程准备阶段开始，教师就要向学生明确学科目标和语言目标。首先，学科目标要简洁明了，以要点式呈现。其次，语言目标要包括核心词汇、语法和句型、语言学习策略等。此外，教师还需要考虑教学材料是否符合学生的语言水平、文化及年龄层次。同时，教师要准备大量的教学辅助补充材料，如实物教具、动手操作工具、图片、多媒体等。为了弥补商务英语专业教材的滞后性，教师可以通过教学辅助补充材料来提升教学内容的广度和深度。教师可以在备课阶段通过电子邮件或网上学习平台的方式把学科目标和语言目标发

送给学生，使他们在正式上课之前就明确该堂课的学习目标，有利于学生进行课前准备，也可以激发学生的学习兴趣。

第二，SIOP 模式的建立背景知识阶段，教师可以有效地指导学生把过去已经获得的知识转移到新课程的学习中去，使学生对语言技能和学科知识的学习更有效率。教师可以通过让学生观看一个与所学内容相关的小视频，让学生联想到学过的知识或者让学生通过分组阅读讨论的方式来回顾已学知识。然后，教师可以通过语言引导或者组织图形等方式来引导学生将已学知识与即将学习的新知识联系起来。商务英语学习者大多数具有基本的经济常识和一定的专业基础知识，通过有效知识的转移，不仅能提高学习效率，也可以加深对已学知识的理解和记忆。

第三，SIOP 模式的提供可理解性语言输入阶段有利于教师在课堂上提供尽可能多的可理解性语言输入。由于商务英语学习者的英语水平有限，教师要使用符合他们现阶段语言水平的语言授课，并且通过调整语速、词汇和句法让他们获得更多的可理解性语言输入，此外，还可以通过肢体语言、实物教具、多媒体等帮助他们增加可理解性输入。商务英语学习者不会因为语言水平的限制而影响学科知识的获得，反而可以通过不断增加的可理解性语言输入来提高语言技能水平。

第四，SIOP 模式的指导学习策略阶段要求教师提供给学生相应的学习策略，帮助其理解所学内容。其中有两种有效的支架手段，一种是口头支架：运用提问、描述等方法来促进学生语言水平的提高，提升其理解能力及思维能力；另一种是程序支架：采用示范、小组实践的方式帮助语言水平较低的学生。

第五，SIOP 教学模式的互动阶段，通过分组讨论的方式，让每一位学生充分参与进来。例如，在商务谈判的教学中，教师可以通过结对阅读、案例讨论、角色扮演等策略让学生有效地参与到课堂互动中，打造真正以学生为中心的课堂。商务英语专业的学生可以在互动阶段获得语言实际运用能力的提升和学科知识的巩固。

第六，SIOP 模式的应用与实践阶段，让学生运用新学的语言知识进行实践训练。例如，指导学生通过讨论出具口头或书面报告的形式来操练语言知识的运用。也包括运用新获得的学科知识进行实践训练，如国际贸易单证实操。

第七，SIOP 模式的授课要求使用明确的目标语言，清晰有条理地阐述学科目标和语言目标，如采用板书、幻灯片等方式。该模式提供的授课指导提纲可以有效协助教师开展授课活动，提高授课效率。

第八，SIOP 模式的复习与评价阶段，要求教师观察学生的课堂参与度、回答问题的情况，了解学生对课堂内容的掌握情况，并且及时把相关的信息反馈给学生。具体方法包括：充分复习关键的学科概念，同时对学生的输出提供反馈信息，如重述或概述学生的回答。学生可以通过教师反馈，及时纠正错误和弥补不足，从而强化学习效果。

语言和经济活动的密切联系引起了学术界的不断关注。商务英语教学在深度和广度上的突破是时代发展的需求。在商务英语教学中引入 SIOP 模式，从微观层面可以协助教师指导学生提高英语技能和商务专业知识的认知能力，也能帮助教师反思教学，进而提高教学水平。

第三节　基于SIOP模式的商务英语教学活动设计

不断练习使用语言对提高学生的第二语言水平至关重要，因此，SIOP 模式强调让学生积极参与围绕学科内容的课堂互动活动，这样做有助于学习者深入理解课文，有助于锻炼口语，激发他们的学习兴趣，给予他们更长的反应时间，有利于他们集中注意力等。SIOP 要素特征包括以下两点。

第一，通过高频率的师生互动及讨论鼓励学生对学科概念进行拓展性反思。SIOP 模式认为，教师应当合理搭建教学框架，鼓励学生参与讨论，并尽力保证师生交流中双方话轮数量的平衡；鼓励学生对课文中的概念进行拓展性反思；使用支架式语言技巧引导学生做出更精确的回答；使用停顿为学生提供更长的思考及作答时间。在商务英语课堂上，教师可以搭配使用师生互动和生生互动的方式，其中师生互动适用于教学中全班讨论、课文理解及拓展性反思训练环节，而生生互动适用于课前热身、课后复习、概念梳理训练环节。

第二，设置小组活动辅助语言及学科知识学习。SIOP 模式认为，将教师讲授与学生小组输出活动相结合能提升学习者的学习兴趣。小组活动宜根据教学要求灵活控制各小组人数，宜鼓励学生对学习材料进行批判性讨论，宜控制小组活动时间以提升学习效率。在商务英语课堂上，小组活动宜动态化而非固定化，可以根据话题的不同要求学生独立完成或进行分组讨论，还可以进行全班讨论。教师作为小组活动的组织者和监督者，要确保各种活动在指定的时间内达到其预期目的。

根据以上特点，在商务英语教学设计中宜引入多种类的互动活动，以巩固知识，提升兴趣，锻炼口语。本节以生生互动活动为主，设计了十个课堂热身及提神活动（Warmers and Fillers），以及十个训练复习活动（Practice and Recycle），以帮助学习者逐步了解知识体系并实现自主学习。前者用于课堂开头或者课程进行中以活跃气氛，并且可以随机为学生分组，这类活动不仅可以提升学生的参与度和积极性，而且形式多样，富于变化；后者可以作为阶段性复习回顾的辅助，部分活动侧重于训练单项语言技能，如词汇、听力等。所有活动都适合协作完成。

一、热身及提神活动

（一）按序排队（Alphabetical order line up）

1. 语言层次：初级至高级。

2. 所需材料：无。

3. 时间长度：5~10 分钟。

4. 人数要求：10 人以上。

5. 活动要点：询问姓名。

6. 适用范围：本活动适用于课程开头，以便学生相互了解对方的英文名。

7. 活动步骤：

第一，让学生以 10 人为单位排成一个长队，若人数达到 15 人以上则排成两排，若人数达到 30 人以上则排成四排，依此类推。

第二，在每一个队伍中，让学生以英文名首字母为顺序从左至右进行排列，在此阶段中，学生需要相互询问英文名以确定排队顺序。

第三，队伍排好后，请每位学生出列报出自己的英文名，为提升难度，除自报英文名以外，加报左右两位同学的英文名，位于队首及队末的两位学生需要互报对方的英文名。

第四，在每位学生都报完三个英文名之后，活动结束。

8. 可变环节：

第一，除了按学生英文名首字母顺序排队以外，还可以用如下方式排队（但以下方式适用于同学们已经相互熟悉之后）：各人最喜欢的歌手姓氏首字母；各人最喜欢的小说家姓氏首字母；各人最喜欢的电影名首字母；各人最喜欢的歌曲名首字母；各人最讨厌的食物首字母。

第二，在第一轮报完三个姓名之后交换不同队伍的部分队员，则游戏难度提升，而学生能认识更多的伙伴。

9. 拓展环节：

排队和报名字环节结束后，教师可以指定队伍中相邻的几人结成小组或者结对完成当天的课程。每次课程开始时以不同方式排队，则学生有机会与不同伙伴合作。

（二）热座（Hot seat）—from Carole Trosch

1. 语言层次：中级至高级。

2. 所需材料：板书所学单词。

3. 时间长度：10~15 分钟。

4. 人数要求：6 人以上。

5. 活动要点：单词记忆，单词定义。

6. 适用范围：本活动适用于课程中间，在学习了部分单词之后可以用于热身。

7. 活动步骤：

第一，请活动的参与者坐在热座上，背朝黑板。

第二，教师将词组或单词书写在黑板上，然后示意游戏开始。

第三，其他学生轮流解释该词汇的英文定义，以协助热座者猜出词汇，解释中不能出现该词汇内的单词，否则视为犯规，自动换至下一个单词；每个词汇只能有一个解释者，解释成功后换人，超过一分钟未能解释成功则换下一个词重新解释。

第四，每个热座者完成指定数量的词汇视为成功。

8. 可变环节：

第一，在学生人数多的情况下，可以将学生每 6 人分一组，将此活动作为小组竞赛环节，根据完成指定数量的词汇用时长短确定每个小组的名次。

第二，在学生人数少的情况下，可以让每个学生轮流坐上热座，则人人都可以体验解释词汇和猜词汇的过程。

第三，教师可以有意加入一些可以用肢体语言表现的词汇，让解释者以非口语的方式进行解释，此举会增加活动的趣味性，并在一定程度上降低游戏难度。

9. 拓展环节：

在游戏环节结束后，教师可以将未能成功解释的词汇列举出来，由全体学生抢答给出解释，抢答成功者可以为其小组赢得额外加分。

（三）卷纸传递（Toilet paper icebreaker）

1. 语言层次：初级至高级。

2. 所需材料：卷筒纸。

3. 时间长度：10~15 分钟。

4. 人数要求：5~12 人，人数多则可分组进行。

5. 活动要点：自我介绍，与人交流。

6. 适用范围：本活动适用于课程开始阶段，用以活跃气氛或热身。

7. 活动步骤：

第一，让每组学生站成一圈，若教室面积有限，也可以让学生围坐在桌子旁，给每组一个卷纸。

第二，让全组学生一起重复“one，two，three；one，two，three”，每次重复间隔 2 秒。

第三，学生一边重复数数，一边顺时针传递卷筒纸，每位学生必须在一次“one，two，three”说完之前从卷筒纸上撕掉任意节数的纸，并将卷筒纸传递给下一个学生。

第四，当所有参与者都取得纸张之后，让学生停止数数，每位学生报一下自己取了多少节纸。

第五，学生轮流向全组介绍自己，取了多少节纸就介绍关于自己的几件事，每件事必须是不为小组其他成员所知的“新鲜事”，描述每件事时语句要简短。

8. 可变环节：

第一，为了让游戏更具成效性，可以限定自我介绍的范围，如必须与个人优缺点、志向、梦想、兴趣、技能、未来规划等有关，不得包括宠物、家庭、交通工具等内容。

第二，可以规定自我介绍用肢体语言表现出来，由小组其他成员竞猜，猜对者获得加分。

9. 拓展环节：

在游戏环节结束后，可由各组或全体成员投票选出自我介绍中最具表现力、最具戏剧性、最具启发性等奖项。

（四）快速分组（Two groups）

1. 语言层次：初级至高级。

2. 所需材料：无。

3. 时间长度：5 分钟。

4. 人数要求：10 人以上。

5. 活动要点：口头表达。

6. 适用范围：本活动适用于课程开始，用以分组或活跃气氛。

7. 活动步骤：

第一，在 20 人以下的小班教学情况下，以个人兴趣爱好快速分组，如喜欢喝牛奶的为一组，喜欢喝果汁的为另一组。

第二，在 30 人以上的教学班中，可以将分组的项目列出 3~4 项，也可以变换爱好内容，比如，喜爱不同的体育运动、喜爱不同的学科、喜爱不同的音乐类型、喜爱不同的影视剧类型。

8. 可变环节：

第一，如果分组的人数出入比较大，后期可以微调。

第二，分组结束之后，可以让学生用一句口语分享一下喜欢该事物的原因，

增进师生 / 生生之间的交流。

9. 拓展环节：

在游戏环节结束后，教师可为各小组布置相应的竞争性项目，来进行后面的课程。由于用此方法分组的形式不拘泥于一种，可以让学生有机会和不同的组员合作完成任务，给每堂课带来新鲜感，从而促使学生积极参与。

（五）我排你猜

1. 语言层次：初级至高级。

2. 所需材料：无。

3. 时间长度：10~15 分钟。

4. 人数要求：10 人以上。

5. 活动要点：逻辑问答，口语表达。

6. 适用范围：本活动适用于课程进行中。

7. 活动步骤：

第一，在快速分组活动中将学生分为两组。然后让每一组学生根据某一顺序排成一排，如 A 组学生根据各人煮面的时间长短排序，B 组学生根据寝室到教学楼的距离长短排序。每组排序的根据不可以让另一组学生知道。

第二，顺序排定后，两个组交换提问竞猜对方的排序根据，一次只能提一个问题。问题只能是一般疑问句，回答只能是“是”或者“否”。

第三，若某一组的提问者提出选择性疑问句或者特殊疑问句，则用掉一个提问且该提问无效，提问权转移至另一组。

第四，通常以 20 个提问为限，率先在 20 个提问内寻找到对方的排序依据的一组获胜；如果两组在20个提问内都未能找到正确答案，则该轮游戏失败。揭晓答案后，可以重新设置排序根据，继续游戏。

8. 可变环节：

第一，如果感觉提问难度过大，可以给定排序依据的范围，如和食物有关、和学习有关等，这样可以使游戏更顺利地进行。

第二，为避免提问环节出现多位参与者同时提问的情况，可以要求学生按照排队顺序提问，务必保证每位参与者都获得提问机会。

9. 拓展环节：

提问的过程实际是限制答案范围的过程，教师可以从旁观察记录那些大幅度缩小答案范围的提问，在游戏结束后分析回顾。

（六）硬币抢夺（Grab that coin）

1. 语言层次：初级至高级。

2. 所需材料：硬币数枚。

3. 时间长度：5~10分钟。

4. 人数要求：10人以上，偶数为佳。

5. 活动要点：口语表达，肢体语言，反应速度。

6. 适用范围：本活动适用于课程进行中间，用以活跃气氛，锻炼口才。

7. 活动步骤：

第一，让学生两两结对，面对面站好。

第二，每对学生获得一枚硬币，要求持有硬币的学生单手手心向上，手掌平摊不可握拳，将硬币放置于手上。

第三，另一位学生可以用语言、肢体语言或者行为分散持有者的注意力，来抢夺硬币。

第四，每位学生的双脚不能移动，抢夺者只能接触硬币，不能触碰持有者身体。

第五，游戏持续时间内，一旦抢夺成功，则攻防双方互换角色继续游戏。

8. 可变环节：

第一，如果想把游戏重点放到学生口语的锻炼上，则可以规定只能用口语的方式分散持有者的注意力，肢体语言无效。

第二，为了增加游戏的趣味性，可以让三人一组轮流参与游戏，剩下一人计时；游戏结束后可以选出最长时间持有者和最迅速的抢夺者。

9. 拓展环节：

在游戏之前或者游戏之后，可以带领学生一起进行头脑风暴，回顾总结有哪些方式可以有效分散持有者的注意力，如何才能保持注意力较长时间集中。

（七）手机游戏（Mobile phone/Cell phone game）

1. 语言层次：初级至高级。

2. 所需材料：手机。

3. 时间长度：5~10 分钟。

4. 人数要求：无要求。

5. 活动要点：自我控制能力。

6. 适用范围：本活动适用于课程进行中间或开始时，用作热身或者课堂管理。

7. 活动步骤：

第一，教师要求全体学生将手机开机，告诉他们本游戏用于揭示由于科技对人类的控制而造成的负面的及破坏性的影响。

第二，要求全体学生选择一个最嘈杂的铃音设置为当前提示音。

第三，要求每位学生发一条信息给 1~3 个朋友，这些朋友必须是会立刻回短信的类型。

第四，继续正常教学环节，等待课堂进程被一阵阵嘈杂的提示音打断。

第五，这一混乱情况正是一个最佳证明，用以提醒那些无法有效管理自己的人，他们会对周围产生负面影响。

第六，观点表明后，可以让全体学生关闭手机。

8. 拓展环节：

以下理论和调查数据可以与学生分享以强化训练效果。

查邮件强迫症和持续回复信息等冲动行为在部分专家看来类似于赌徒的冲动，因为他们都遵循着同一原则，即偶然性奖励的不可预知性。

多项调查发现，在工作中处理邮件或被邮件打扰，浪费了大量时间。据不完全统计，一个工作者若每 5 分钟检查或回复一次邮件，将每次被邮件打扰后的恢复期计算在内，则一周会浪费 8.5 个小时。

过度使用邮件会降低人们用电话沟通和解决问题的能力。

过度使用电话或短信会降低人们面对面沟通和解决问题的能力。

（八）并向圈对（Dyadic circle）

1. 语言层次：初级至中级。

2. 所需材料：无。

3. 时间长度：10~15 分钟。

4. 人数要求：10 人以上，偶数为佳。

5. 活动要点：口语表达。

6. 适用范围：本活动适用于课程进行中间，即在讲授简单沟通技巧和用语之后。

7. 活动步骤：

第一，将学生排成内外两个圆圈，人数为偶数的情况下，两圈人数均等；奇数情况下，外圈可多一人。

第二，教师指定对话主题，如打电话、招待客户、机场接人等，从初始位置开始两两进行对话练习。

第三，每个对话进行 2~3 分钟之后，内圈学生按逆时针方向移步，外圈学生按顺时针方向移步，找到下一位对话伙伴后继续对话。

第四，当外圈学生与每一位内圈学生都进行了对话以后，则游戏结束。

8. 可变环节：

第一，此活动的目的是让参与者获得与不同个性、语言习惯、口音的对手操练的机会。在语言水平较高的班级里，可以尝试给每对新搭档新的交流话题，从而避免重复操练的枯燥。

第二，可以给每位学生设定身份标签，如销售员、人事专员、会计人员等，让他们从自己的身份出发，对某一有争议性的话题（如公司迁址）进行专项讨论，可能会出现意想不到的效果。

9. 拓展环节：

在游戏开始前或结束后，教师可以带领学生预习或回顾在对话中适用的句型和词汇，以帮助学生巩固知识。在初级语言水平的班级里，教师可能需要预先作出示范，以助游戏顺利进行。

（九）分类讨论（Go to your corner）

1. 语言层次：初级至中级。

2. 所需材料：讨论话题。

3. 时间长度：15 分钟。

4. 人数要求：10~20 人，分组进行。

5. 活动要点：口语表达。

6. 适用范围：本活动适用于课程进行中间，在讲授部分阅读内容之后，以此活动锻炼学生的分类能力及表达能力。

7. 活动步骤：

第一，教师选择课文中的一个关键话题，此话题有 4 个以上的解答方向可供讨论，在上课前将解答重点贴在教室的不同角落，若能辅以图像提示更佳。

第二，将学生分成相应数量的小组，或者让学生自由选择，分别到对应地点进行讨论。

第三，学生可结对讨论自己对此话题的看法，互相补充，然后整个小组内部进行集体讨论，总结出论据。

第四，讨论结束后，各小组代表发言，向全班解释本组观点。

8. 可变环节：

此活动的目的是让参与者深入了解课文中各个概念的含义，能对概念进行归类，并用自己的语言予以解释。为了增强趣味性，教师可以发给每位学生不同的词汇或图像，每个词汇或图像分别对应某一解答重点，学生根据自己的理解进入不同的角落就词汇或图像含义进行交流。一旦某学生在讨论时发现自己误入了其他组，可以在其他学生的帮助下回到正确的小组，而其对概念的理解也会加深。

9. 拓展环节：

此活动可以后续跟进，教师可以要求学生就讨论过程撰写一篇报告，或汇总各组小结形成一个综合性图表，加深对课文的理解。

（十）化整为零（Piece of pizza）

1. 语言层次：初级至中级。

2. 所需材料：将圆形纸张裁成数个扇形。

3. 时间长度：15 分钟。

4. 人数要求：全班学，分组进行。

5. 活动要点：阅读理解。

6. 适用范围：本活动适用于阅读课程开始阶段。

7. 活动步骤：

第一，教师将学生分成数组，每一组负责课文中一个或几个段落的学习。

第二，将裁好的扇形交给各组，要求组员以文字或图像的方式填写扇形。

第三，完成后将整个圆形重组起来，每组轮流向全班讲述各部分内容。

8. 拓展环节：

活动结束后，教师可以要求学生对自己感兴趣的部分写出更为详细的描述性文稿或演讲文稿。

二、训练及复习活动

（一）冲向黑板（Board rush）

1. 语言层次：中级至高级。

2. 所需材料：所学词汇 / 词汇卡片。

3. 时间长度：5~10 分钟。

4. 人数要求：10 人以上。

5. 活动要点：词汇记忆，小组合作。

6. 适用范围：本活动适用于课程进行中间，在讲授课程词汇之后，也可以置于课前预习环节。

7. 活动步骤：

第一，将学生分成 2~3 组，每组人数相等，每组面对黑板纵向排成一排。

第二，教师根据该课时教学内容，读出词汇的定义，发出“GO”的指令之后，各组快速上前将对应词汇写在黑板上。

第三，最先完成的组得一分，但若拼写有误，则下一正确完成者得一分。

第四，一轮结束后，每组换下一位学生重新进行比赛，每位学生都轮到后游戏结束，积分最多组获胜。

8. 可变环节：

第一，此活动考量学生对词汇定义的记忆和反应能力，既可以作为课中复习训练，也可以作为课前预习活动。两种情况下游戏形式稍有不同。课中复习训练时，由学生凭借记忆上前书写，游戏难度较高，对词汇复习的效果更好。课头预习活动时，教师可以准备好数张词汇卡片分发给各组（卡片数量可略多于所报词汇数量），让学生根据听到的定义，从卡片中选择正确的单词书写在黑板上，也能达到不错的词汇预习效果。

第二，为避免学生上下讲台造成混乱，每组可以指定一位书写正确率高且速度快的同学为代表完成比赛，其他同学负责选词或给出提示。

9. 拓展环节：

可以在游戏设置时有意加入近义词，若有学生组书写失误，可以在游戏后点评，使其加深印象。

（二）井字游戏（Tic tac toe）

1. 语言层次：中级至高级。

2. 所需材料：准备与教学内容相关的问题。

3. 时间长度：5~10 分钟。

4. 人数要求：10 人以上，分组活动。

5. 活动要点：课程内容复习，小组合作。

6. 适用范围: 本活动适用于课程进行中间或结束前, 用作课程内容复习回顾。

7. 活动步骤：

第一，教师在黑板上画出一个井字格，共三横行三纵列，并在每个格子中填出一个问题关键词。

第二，每个问题关键词对应一个与前面课程内容相关的问题，这些问题可以和词汇有关，和阅读内容有关，和背景知识有关，或者和历史事件有关。教师觉得有必要复习回顾的知识，都可以用设计关键词提问的方式来进行。

第三，将学生随机分成2组，各组轮流选择空格答题，答对则获得一个格子，为了容易区分，一组用“○”表示，另一组用“×”表示。如果某一小组选择的问题无法正确作答，则答题权转移至对方小组。

第四，率先将井格连成横向、纵向或者斜向一条线的小组获胜。

8. 可变环节：

第一，游戏的目的是让学生迅速回顾以往知识，因此，时间控制是关键。教师要在开始前讲明问题回答时限，并严格计时，超出时间未能给出正确答案则答题权也会转移。

第二，若两组都占据四个，却都无法连线成功，而图上仅剩最后一格，则最后一题进行抢答，答对方胜出。

9. 拓展环节：

可以在游戏结束时引导学生复习双方均没有答出的题目，以巩固复习的效果。

（三）宾果游戏（Bingo）

1. 语言层次：初级至中级。

2. 所需材料：单词。

3. 时间长度：5 分钟。

4. 人数要求：无要求。

5. 活动要点：单词复习，单词听力。

6. 适用范围：本活动适用于课程进行中间或结束前，用作单词复习回顾。

7. 活动步骤：

第一，教师在黑板上画出一个井字格，共三横行三纵列。

第二，让每位学生准备一张白纸，按照黑板上的图样将纸分成九格。

第三，教师报出九个单词或词组，让学生按照任意顺序填写在井字格中。

第四，教师打乱顺序逐个念出刚才报出的词汇，学生边听边在听到的词汇上画圈。

第五，当画的圈在横行、竖行或者对角线上成一条直线时，学生可以喊“Bingo”。

第六，教师检查词汇拼写，并宣布最先喊“Bingo”并拼写准确的学生获胜。

8. 可变环节：

第一，可以让 3~4 位学生到黑板前进行 Bingo 游戏，在拼写检查环节，让他们的 Partner 上来检查并订正错误。

第二，若需要听写的词汇较多，可以将井字格扩大为 4 × 4 或者 5 × 5，不过形成 Bingo 的难度更大，适用于人数较多的班级；也可以进行 2~3 轮 3 × 3 的宾果游戏，获胜概率高更能激发学生的参与兴趣。

第三，为了增加拼写难度，教师可以采用报中文写英文、报单词定义写单词、报同音不同义单词等方式进行听写。

9. 拓展环节：

可以在游戏结束时引导学生复习容易拼错的单词，以巩固复习的效果。

（四）说停就停（Stop）

1. 语言层次：中级至高级。

2. 所需材料：无。

3. 时间长度：5~10 分钟。

4. 人数要求：10 人以上，分组活动。

5. 活动要点：词汇量，小组合作。

6. 适用范围：本活动适用于课程进行中间或结束前，用作商务常识复习。

7. 活动步骤：

第一，根据学生人数多少，将全体学生分成数个小组，每组人数以 5~6 人为佳。

第二，教师在黑板上画出一个表格，该表格的横排列出 5 个词汇类型，如品牌、国家、人名、水果、颜色等，纵排列出所有参与的小组名称。

第三，教师随机选择一位学生，让其在心里默念字母表，教师在合适的时机喊“Stop”，则停止时所在的字母为本轮游戏的首字母。

第四，在接下来的 30 秒时间内，各组用选定的首字母，按照黑板上的词汇类型填满 5 个空。提前完成 5 个空的组可以喊“Stop”，则其他组也要停止填空。

第五，评分标准如下：填写在空中的单词与其他组重复，每空 5 分；填写在空中的单词没有重复，每空 10 分。将每个空所获分数叠加，分数最高组获胜。

8. 可变环节：

第一，本游戏的竞赛重点是考查学生的词汇量，游戏中他们不仅需要速度，更需要使用不常用的词汇来获得更高的分数以赢得比赛，但也需注意填空完整性和词汇稀缺性之间的平衡，为使用非常规词汇而在同一个空上使用过多的时间也许会输掉比赛。

第二，在班级人数过多的情况之下，教师可以设置数轮比赛，用初赛、复赛、决赛难度升级的方式让全体学生参与进来，同时提升游戏的刺激性和趣味性。

9. 拓展环节：

可以在游戏结束时补充不同类别的词汇，尤其是非常规词汇，以拓展学生的知识面。

（五）我画你猜（Pictionary）

1. 语言层次：初级至高级。

2. 所需材料：所学单词。

3. 时间长度：10~15 分钟。

4. 人数要求：两两分组。

5. 活动要点：单词复习，单词描画。

6. 适用范围：本活动适用于课程进行中间或结束前，用作单词复习回顾。

7. 活动步骤：

第一，本游戏名由 picture 和 dictionary 两个单词组合而成，因此，参与者分为两人一组。

第二，两人中一人猜，一人画。画图者每次会拿到一个单词，然后需要用图画把这个词表达出来，由竞猜者猜出该单词。游戏要限定每个单词猜词的时间，通常以一个单词 2 分钟为限。

第三，在规定时间内猜出正确单词的两人游戏成功，获得积分，未能猜出则不得分。可为每对选手提供同样数量的词汇，积分高的组胜出。

8. 可变环节：

第一，在人数较多的班级中，可以将游戏设置为小组竞赛的模式，每组人数相当，均为偶数，每对学生轮流上场，最后以积分高低排定各组胜负名次。

第二，负责猜词的学生可以用语言与画图的学生沟通，提示并引导其更快地画出图形，则此游戏也可以用来训练口语。

9. 拓展环节：

在游戏结束时，可评选最有才画师、最机智竞猜者、最创意图形、最默契搭档等。

（六）座位谈判（Negotiate the only spare seat on a bus）

1. 语言层次：中级至高级。

2. 所需材料：无。

3. 时间长度：5~10 分钟。

4. 人数要求：10 人以上。

5. 活动要点：谈判技巧，口语表达。

6. 适用范围：本活动适用于课程进行中间，在讲授简单谈判技巧和用语之后。

7. 活动步骤：

第一，让学生两两结对，面对面站好。

第二，教师描述虚拟场景：公共汽车上只剩下唯一的空座位，两位仍然站着的乘车者要谈判协商座位的归属。

第三，协商的过程中，为了说服对方，各人均可虚拟出情景和道具。

第四，一旦协商出座位归属，则游戏结束。

8. 可变环节：

第一，这类口语训练性质的游戏目的在于让参与者有更多机会开口谈判，但因为游戏有胜负之分，可能会出现双方互不让步、无法达成协议的情况。为了避免这类情况的发生，在规定好游戏时限之后，可以为每对参与者指定一位观察者，在游戏时间已到而双方仍相持不下时，由观察者根据谈判表现判定座位归属。

第二，谈判的内容可以推而广之，除了座位归属以外，可以是教室内任意可移动物品的归属，文具、服装、教辅器材等均可作为谈判话题。

第三，也可以转换形式，将谈判主题由归属变为转让，即以规定价格（过高）转让上述物品，在双方明知价格偏高的情况下要努力让谈判成功，这样难度更高。

9. 拓展环节：

在游戏结束之后，由观察者对每对谈判双方的表现进行点评。

（七）游历展览馆（Gallery walk）

1. 语言层次：中级至高级。

2. 所需材料：6 张左右带问题的大纸。

3. 时间长度：15~20 分钟。

4. 人数要求：全班同学。

5. 活动要点：书面表达，口语表达。

6. 适用范围：本活动适用于教学后期阶段，在讲授完主体内容后进行简单复习回顾。

7. 活动步骤：

第一，将与课文内容相关的问题写在纸张顶部，并将纸张贴在教室各处。

第二，将学生分成 4~5 人一组，以某一个问题为出发点，进行问题讨论。

第三，每组学生手持不同颜色的马克笔在纸张上写下 2~3 条回答要点。

第四，每组在每张纸前的停留时间不得超过 4 分钟，答完后走到下一张纸面前阅读其他组的答案，可以选择进行回复，或提出质疑。

第五，所有问题回复或质疑完毕后，每组回到自己出发的问题前，对纸张上的全部留言进行口头总结，阐述己方观点，回答其他方质疑。

8. 可变环节：

此活动结合书面总结、口头讨论、口语总结等技能，特别适用于对某一主题或某一阶段内所学内容进行回顾。为了使全班学生都能参与进来，教师可以要求每组由不同的学生来进行口头总结、书面总结及回答质疑。

9. 拓展环节：

在活动结束之后，教师可以引导全班学生对争议较大的问题进行集体讨论。

（八）现场采访（You are there）

1. 语言层次：中级至高级。

2. 所需材料：学生准备采访大纲。

3. 时间长度：15 分钟。

4. 人数要求：全班学生，分组采访。

5. 活动要点：口语表达。

6. 适用范围：本活动适用于教学后期阶段，在讲授完主体内容后进行复习。

7. 活动步骤：

第一，将一个阶段内所涉及的真实商务案例分配给不同学生组，由学生组内部分工对事件详情进行深入研究。

第二，学生选取该事件中某一关键人物，编写采访稿和回答稿，其中应涉及该人物参与的事件及其影响的细节。

第三，各小组用尽量还原事实的方式在课堂上进行表演。

8. 可变环节：

此活动要求学生对整个事件的脉络有清晰的把握，且对人物性格和用语有一定的把握，是一个难度较高的口语任务。教师可以在学期初将所要涉及的各个事件列举出来，由学生自发分组选取心仪采访/扮演对象，并提前有所准备。

9. 拓展环节：

作为观众的其他学生可以对被采访对象进行现场提问，这也要求其他学生对事件的始末有全面的了解，才能进行充分地互动。

（九）画图说理（Go graphic）

1. 语言层次：中级至高级。

2. 所需材料：不同图表类型。

3. 时间长度：15 分钟。

4. 人数要求：全班同学，分组进行。

5. 活动要点：书面表达。

6. 适用范围：本活动适用于教学进行阶段，一边讲授课文内容一边对其进行逻辑顺序整理。

7. 活动步骤：

第一，本任务通过使用不同形式的逻辑图表或流程图，帮助学生理解篇章中的上下文关系。

第二，在任务开始前，逻辑图表类型可以分为解说型（主旨及细节）、因果型、对比与比较型、先后顺序型、问题及解决型、描述型等，教师可以针对不同类型，设计出较容易理解的逻辑图展示给学生，并向学生说明不同类型的逻辑图表的使用方式，举例说明其对应的文本形式。

第三，逐个介绍完后，让学生以结对或分组的形式选择一个恰当的逻辑图表对课文内容进行重组。

第四，完成重组后，要求学生根据图表对课文内容进行总结。

8. 可变环节：

此活动用于锻炼和培养学生的分析归纳能力，分析的对象不限于阅读材料，也可以组织学生对一些口语素材（如演讲、报告、谈判等）进行听力记录并分析结构。

（十）大辩论（Great debate）

1. 语言层次：中级至高级。

2. 所需材料：无。

3. 时间长度：15~20 分钟。

4. 人数要求：全班学生，分组辩论。

5. 活动要点：口语表达。

6. 适用范围：本活动适用于教学后期阶段，在讲授完主体内容后进行深入讨论。

7. 活动步骤：

第一，将一个阶段内所涉及的持不同经营、管理或经济学观点的代表人物分配给不同学生，每个学生对所选择对象的观点、态度及理念进行深入研究。

第二，在黑板上列出 3~4 个讨论题目，将代表不同人物的学生分到一个辩论组（可以在教室中划定多个辩论组区域），每个学生以各自代表人物的身份进行辩论。

第三，教师可以观察各个组的表现，也可以作为其中某一人物参与辩论。

8. 可变环节：

此活动要求学生对所扮演的人的主张有清晰的把握，并能在辩论时坚持以该人物的口吻发言，是一个难度较高的口语任务。教师可以简化任务，将学生两两结对进行研究和辩论，以相互补充观点和论据。

9. 拓展环节：

辩论结束后，可以要求学生将观点用自己的语言简略地总结出来，并相互交流。

第四节　SIOP模式在高校商务英语教学中的应用

商务英语作为商业用途英语中的一个分支，其用语的严谨性和标准性给非英语母语的学生带来了较大的挑战。只有对商务英语教学方式进行有针对性地调整，才能适应英语熟练程度不同的学生的需求。调整后的商务英语教学方法宜着重于在教学内容中融入对专业性语言的传授，从而达到提升学生语言熟练度的目的，将SIOP模式应用于高校商务英语教学中，可以探索出一套全新的商务英语教学模式。

一、SIOP模式应用于商务英语教学的理论基础

（一）社会文化理论

以俄罗斯心理学家维果茨基为代表的社会文化理论提供了有力的理论支持。第一，社会文化理论认为人们学习新概念、新语言和新技能的基础是其语言学背景知识和对文化的理解。因此，应在严谨的课程设置中涵盖高阶思维，提高解决问题的能力，注重个体发展，并提供直接的显性的教学技巧支持。第二，社会文化理论还认为对新知的理解来自与他人的互动。

（二）情感过滤假说

美国语言教育家克拉申提出的第二语言习得理论中的情感过滤假说也提供了有力的理论支持。第一，该假说认为学生的情感因素/变量会影响第二语言习得过程；如果学生学习动机强烈，有自信心或焦虑感较少，就容易得到更多的语言输入，学习效果会更好，反之则会影响习得的效果。第二，情感过滤假

说还认为学生的学习效果会受到其情感过滤器的影响，因为实现语言习得需要向人脑输入“开放”，使之顺利达到人脑习得语言的部位——“语言习得机制”。当人们处于放松、自信的积极精神状态时，可理解性输入以便顺利到达语言习得机制，从而习得新语言。

二、SIOP 模式在商务英语教学及评价中的应用

如何更有效地传递商务英语中的学科内容与语言内容，这一问题逐渐受到人们的关注，经过实践发现，SIOP 模式的组成部分及其要素特征适用于我国高校商务英语课堂，并能满足学习者获得商务英语语言及学科两方面的知识需求。下面将从教学设计、词汇学习、课堂互动及课后复习评价四个方面介绍 SIOP 模式在商务英语教学中的功用。

（一）教学设计阶段

教师应帮助学生将已有的知识与新知识相关联，提供练习机会以锻炼学生对新知的应用，测试学生的掌握情况，进而确定下一步教学内容。在围绕学科知识进行教学设计时，教师要选取与学生学习过程相当并能激发学习兴趣，与实际应用相关联的教学内容和活动。考虑到高校学生的英语语言水平较高，但商务知识和经验不足，不同专业对商务知识及技能的要求不同等因素，教师可以将商务话题进行纵向（根据用语的难易及严谨程度划分）与横向（根据不同的商务领域划分）的模块化设置。教师可以在教学活动开始阶段对学生进行需求调查，了解学生的语言水平及所需商务知识，并结合模块化商务话题进行教学。有效的教学需要有众多补充性材料，这些材料可以作为学习核心课程及核心教学内容的支撑。补充性材料可以多样化，如会计报表、数据及图表、企业

宣传或新闻媒体视频、教师示范材料、报纸杂志相关报道等。也可以根据学生的需求，对补充性素材进行定制，综合使用教材素材、学生提供的素材和其他真实素材。将课堂上学到的知识与现实生活中的问题关联起来，并应用这些知识解决问题会给学习者带来极大的成就感。以案例分析为例，可以以原版音视频作为案例导入，使用阅读材料对细节进行补充，要求学生根据听力及阅读中所获取的信息讨论问题解决方案并进行课堂陈述，提交书面案例报告等。此外，也可以采用产品发布会、慈善义卖、企业经理人采访、财富论坛等形式进行综合技能训练。

（二）注重学习关键词汇

经过学术界对阅读的研究发现，学生的词汇知识与其阅读理解能力呈正相关。有研究表明，学生只有在认识一篇文章中 90% 及以上的词汇时才能独立理解该文章的意思。因此，教师应在教学中设置大量活动机会以帮助英语学生发展商务学科英语词汇。商务英语教学中词汇的发展与英语学生的学科知识紧密关联。教师应精心选择包含关键性词汇的材料并使用多种方式帮助学生拓展其核心词汇库。教师可在每堂课设置并列出 10~15 个关键词汇，然后围绕这些词汇开展多样化词汇学习活动。

下面以营销主题为例，将学生分成若干小组，每个小组合作阅读一篇包含销售技巧关键词汇的短文，每句话中使用两个以上的关键词汇。可以按以下三种形式进行活动：第一，将每个词汇分成前后两部分，学生分两队各持一半寻找另一半；第二，将关键词汇替换为近义词，学生找到被替换的词汇；第三，将关键词汇融入问答题中进行口语训练。

（三）进行高频率课堂互动

SIOP 模式强调让学生积极参与围绕学科内容的课堂互动活动，提倡教师合理搭建教学框架以鼓励学生参与讨论，并尽力保证师生交流中双方对话次数的平衡，鼓励学生对课文中的概念进行拓展性反思，使用支架式语言技巧引导学生作出更精确的回答等。教师应创设条件让学生多运用关键词汇与同伴交流。将教师讲授与学生小组输出活动相结合，根据教学要求灵活控制各小组人数，鼓励学生对学习材料进行批判性讨论，并控制小组活动时间以提升学习效率。商务英语课堂因其较强的理论联系实际的特性，很适合同伴进行交流互动。下面仍以营销为例展示互动的方式：选择一个营销话题，并将与话题关联的四个论点张贴在教室四个角落；将学生分为四组去对应的角落讨论本论点的论据；学生小组内部进行讨论，将主要论据写在论点张贴上，尽可能多使用关键词汇；各小组代表发言向全班解释本组论据，并进行自由辩论；学生就讨论过程撰写一篇报告以加深对营销概念及词汇的理解。

（四）课后复习及评价

形成性评价能让教师随时了解学生的学习状态，从而协助教师对其教学方式作出相应调整。在 SIOP 模式中，教师会根据课程进度融入复习及评估环节，以了解学生对课文中语言、内容及概念的掌握程度。教师可以在课程开始前进行学习需求调查和非正式的词汇和阅读测试，了解学生的商务知识及语言词汇基础。在教学中，教师应强调并让学生复习核心信息及词汇，明示学习要点以帮助学生了解课程重点，还可以采用多种方式帮助学生复习学科核心词汇，如类比法、一词多义、同义词或反义词、语境法、重复法等，复习的形式也可以采用口语问答、阅读填空、小作文、小组竞赛等多样化方式。在课程结束阶段，教师可以再次使用非正式的小测试，了解学习效果。

通过关联学生的学习背景及经验、使用补充性材料、强调关键词汇、创设生生互动机会、采用形成性评价，SIOP 模式可以帮助高校商务英语专业学生提升其学科英语熟练程度，并在一定程度上实现自主学习。

第九章　校企合作的商务英语专业培养模式

校企合作，顾名思义，是学校与企业建立的一种合作模式。学校为谋求自身发展，抓好教育质量，采取与企业合作的方式，有针对性地为企业培养人才，注重人才的实用性与实效性。校企合作是一种注重培养质量，注重在校学习与企业实践，注重学校与企业资源、信息共享的双赢模式。通过校企合作可以更好地进行商务英语专业的建设，培育出适合企业要求的商务英语专业人才。

第一节　校企合作的内涵、特征、意义

一、校企合作的内涵

（一）以共同培养人才为目标，实现人才培养模式的创新

高校教育校企合作的根本任务就是更好地为社会和企业培养高素质技能型专门人才。因此，通过校企合作办学，院校能够实时掌握企业对高校教育的要求和人才需求的信息及动向，为院校调整专业结构、改革课程体系、制定人才培养方案和专业教学标准提供依据，有利于开展以重点专业为龙头的专业群建设，有利于工学结合学习模式的推进，有利于人才培养质量的提高。高校教育专业设置主动适应区域，行业经济和社会发展需要企业参与，校企双方在充分

调研的基础上，依据行业和企业发展动态能够及时调整专业结构和布局。校企双方通过合作，可明确专业面向的岗位（群），明确职业能力、岗位工作任务和工作过程，并按照职业标准，制定专业培养目标，建立专业教学标准。通过校企合作可充分利用校企双方在教学场所、师资力量和信息资源等方面的不同优势，实现沟通与协作，强化学生职业能力的培养。校企合作办学是院校实现开放办学的重要途径之一，院校可根据行业与企业的发展动态以及岗位需求情况确定专业设置和招生规模，实现以服务为宗旨、以就业为导向的办学理念。同时，校企合作办学也是院校增强办学活力的重要途径。通过校企合作办学，院校可将现代企业的管理理念、管理模式、管理文化引入院校的管理中，不断改善管理机制，优化育人氛围，扩大办学职能，增强办学活力，提升院校的竞争力，更好地服务于社会和区域经济的发展。

（二）以人力资源合作为纽带，实现校企互利

一方面，人力资源是企业也是院校运行的主体，企业的人力资源状况直接影响着企业的未来命运，院校的毕业生是企业人力资源需求量最大也是十分重要的组成部分。高校毕业生经过院校的培养和训练已具备了较强的职业能力，完全能够满足岗位的能力和素质要求，免去了企业再培训之累，提升了企业人员的整体素质。同时，企业生产技术的进步和人员岗位的迁移均需要进一步提高在岗人员的素质，需要院校提供培训基地与资源，这也是院校实现办学功能和服务社会的重要举措之一。另一方面，院校要加强专兼结合的具有双师素质的专业教学团队建设。首先要完善教师考核与聘用制度，实行“访问工程师”制，让教师通过挂职顶岗、合作研发等多种形式，深入企业一线，系统学习业务技术，强化实践技能，提高教学能力；其次是要打通院校引进企业技术人才的渠道，从企业引进一批高级技术人才充实教师队伍，实现智力柔性流动和人才资

源共享；最后要完善兼职教师管理制度，从企事业单位聘请“能工巧匠”为兼职教师以适应专业建设的要求。由此可见，“请进来，走出去”的校企合作方式，是院校培养一支素质优良、结构合理、业务能力强、教学特色突出、专业技能水平高，具有双师素质优秀教学团队的最佳途径。

（三）以物质资源共享为手段，实现校企互惠

实验、实训、实习是高校教育人才培养模式的关键环节，目前教育资源短缺、实验实习场所紧张严重地制约了我国高校教育的改革与发展。因此，院校要加强实践教学资源的建设，首先要整合校内外实践教学资源，以校企合作的途径，充分利用现代企业的生产、建设经营、管理技术人才优势，使之与院校的科研理论优势相结合，由院校提供场地和管理，企业提供设备、技术和师资，建设校内生产性实训实习基地，形成具有先进性、开放性、针对性、职业性的实践教学环境，为实现工学结合的教学模式提供有力的保障。其次，院校还要通过校企合作的途径建立稳定的校外实训基地，为实践教学提供一种具有真实职业氛围的环境和物质资源。最后，院校要充分利用现代信息技术，开发虚拟工厂、虚拟车间、虚拟工艺等仿真教学资源，对校内外实训基地的不足给予补充，也可利用仿真教学资源为企业进行职工培养，提高企业员工的职业能力与素质。

通过环境与物质资源的整合，可以实现院校和企业的教育资源共享，为高校教育营造一种真实的职业环境，让学生通过身临其境地参与企业的生产运作，提高学生的职业能力，形成良好的职业素养、团队意识和协作精神。这样既解决了院校在改革和发展中的难题，又能为企业及时输送和培训高素质技能型专门人才，达到院校和企业双向参与、互惠互利、优势互补、资源共享共同发展、良性互动的合作办学目标。

（四）以技术服务为推动力，实现校企共赢

科学技术是第一生产力，是影响现代企业发展的首要因素。企业在生产过程中，必然会遇到许多技术问题和难题，在发展过程中也需要不断地有新技术、新工艺、新产品来提升企业的竞争力，这就为院校和企业在技术领域的合作提供了良好的契机。院校具有大量的专业技术人才，长期从事专业技术工作，熟悉高新技术的发展，使院校具有技术上的优势，同时院校的科学研究成果，也需要向企业的生产实践转化，实现其社会价值。

相对于本科院校而言，科学研究能力相对薄弱，但是与企业的联系更加紧密，技术应用能力更强。因此，院校应该发挥自身优势，充分利用企业的资金、设备优势，主动在高新技术的应用、新技术的引进、技术改造和科学研究成果转化等领域与企业开展合作，解决企业生产过程的技术难题，提高企业生产技术水平，实现校企的共赢，这对院校和企业的发展都至关重要。

二、校企合作的特征

（一）教育性

职业教育是以培养学生职业能力为目标，是一种具有强烈经济行为和企业行为的教育形式。因此，校企合作的首要目标就是培养高素质技能型专门人才。校企双方以人才培养为共同目标，以岗位需求为导向，转变育人理念，强化人才意识，优化专业设置，明确培养目标，制定教学标准，整合教学资源，共同参与人才培养的全过程。这既是校企合作的内在要求，也是其本质属性——教育性的体现。

（二）职业性

高校教育校企合作从开始就以培养适合职业岗位要求的人才为目标，包括产学结合、工学交替至产学研结合，具有较强的功利性。因此，学习和生产相结合的主要目的是使学生在学习情境中教育自己，学习知识，养成良好职业素养，培养和提高专业能力、方法能力和社会能力，最终使他们完成由学习生涯向职业生涯的过渡。这一过程充分体现了高校教育校企合作的特征，也合乎企业对高素质技能型专门人才的要求。

（三）互利性

合作是社会互动的一种方式，它是指个人或群体之间为达到某一确定的目标，彼此通过协调作用而形成的联合行动。因此，高校教育的校企合作作为一种社会互动方式，在合作过程中各参与方具有共同的目标、相近的认识和协调的互动，也就是具有行为的共同性和目的的一致性，即互利性特征。这里的目标实际上是一种利益，它是仅通过一方的行为无法实现的利益，企业、院校、教师、学生和企业员工获得利益均是通过互动合作来实现的，参与方既不应该只有行为而没有利益，也不应该只有利益而没有行为，否则校企合作只能是一种短期行为。因此，互利性是实现校企长效合作的基础。

（四）创新性

创新是一个民族进步的灵魂，是国家兴旺发达的不竭动力。创新是高校教育探索校企合作办学发展之路成败的关键。因为，在进一步完善高校教育的人才培养过程中，探索校企合作的人才培养模式，既是一个不断改革创新的过程，也是高校教育提高人才培养质量和实现可持续发展的必然需求。由于院校所处区域和面向行业不同，校企间的合作形式、内容与方式必然也不相同。目前高校教育的校企合作还没有太多的成功经验，也不可能形成一个固定的模式，这就要求在校企合作的过程中参与各方要以求真务实的态度和改革创新的精神寻求校企合作的有效途径，如果仅仅是照搬一些不太成熟的经验和做法，而没有结合各参与方实际情况进行改革与创新的校企合作，不可能真正实现校企合作办学的目标。

（五）多样性

校企合作必须是全方位、多层次的合作，合作的形式、内容和方式呈现出多样化，如院校和企业的合作、院校专业和企业部门的合作、技术的合作、人力资源与物质资源的合作、信息的合作、研发的合作等。院校、企业、政府、社会等以多方生存和发展的共同愿望为基础；以人才、技术、效益为结合点，充分挖掘校企合作的内容和形式；以发挥各自优势为条件，遵守市场经济规律、职业教育规律；逐步形成互利互补、良性循环、共同发展的长效合作机制，满足经济社会迅速发展和人力资源的动态性需求。

（六）文化性

校企合作同时也是一种文化合作。目前大多数企业在激烈的市场竞争中已经形成了具有各自特色的企业文化，包括先进的理念、合理的制度、科学的管理、严谨的态度、完善的服务以及和谐的氛围等。高素质技能型专门人才培养需要企业文化的熏陶，学生作为校企合作的主要参与者，在各种不同方式的校企合作中，不但学习了专业知识和技能，也为学生深度接触社会、了解社会提供了途径，同时使学生能够接受企业文化的陶冶，逐步形成积极认真的工作态度、严谨细致的工作作风和团结合作的工作精神等职业素养。在校企合作的过程中，企业文化和校园文化的交流、渗透和融合，可以不断丰富校园文化和企业文化的内容，完善校园文化的职业氛围，提升企业文化的层次，实现校企共同更好更快发展。另外，在校企合作过程中，企业参与院校的管理，企业先进的理念和开放的文化，将打破院校传统的、封闭的管理与文化，特别是企业良好的服务理念和完善的服务体系的融入，将会帮助院校全体教职工树立服务意识，形成良好的服务育人氛围。由此可见，校企间的文化合作的文化性，充分体现了校企合作的层次和水平。

校企合作办学不仅是院校与企业的合作，教学与生产实践的合作，也是科技与经济相结合的合作，是高校教育发展的大势所趋。因此，加强院校与企业合作办学的内涵与特征研究，不断丰富校企合作的内涵，培育高校教育办学特色，以最优的形式实现最佳的高校教育人才培养的效果，无论对院校，还是对企业、对社会，都具有十分重要的现实意义。

三、校企合作的意义

高等职业教育是适应社会需求，培养高等技术应用型专门人才的一种教育类型。高校商务英语专业的培养目标决定了其培养过程应更加贴近社会需要和企业生产的实际，只有使商务英语理论知识学习与实践能力培养紧密结合、学校师生与一线技术人员紧密结合，才能实现高校商务英语人才的培养目标。所以，高校商务英语教学应按社会、行业企业及其职业岗位群和技术领域需求设置英语专业和改革课程体系，教学内容应与经济发展保持同步或有所超前。此外，高校商务英语教育还应注重理论与实践的联系，把以传授理论知识为主的学校教育环境与以直接获取实践经验为主的企业生产环境有机结合于人才培养过程中，通过校内英语课堂模拟训练和校外顶岗实习等一系列实践性教学环节，使学生了解、熟悉并掌握商务英语在实践中的规律、技巧等，缩短学生成才的后熟期。因此，校企合作，发挥高校商务英语教育与社会企业的各自优势，共同培养社会经济发展需要的人才，是高校商务英语教育健康发展、办出特色的客观需要。

（一）有利于实现高校教育人才培养的目标

高校商务英语教育校企合作人才培养模式，是一种利用学校和行业、企业、研究机构不同的教育资源和教育环境，培养适合行业、企业需要的应用型人才为主要目的的教育模式，即利用学校与产业、科研等单位在人才培养方面各自的优势把以课堂传授间接知识为主的教育环境与直接获取实际经验和能力为主的生产现场环境有机结合起来。由高校商务英语教育的特点所决定，高校商务英语人才必须坚持以能力为本位，校企合作对于实现高校商务英语教育人才培养目标与规格要求，培养技术与技能型人才独具优势。同时，随着社会主义市场经济体制的逐步建立，市场调节正成为资源配置的主要方式，企业毫无例外地都要进入市场。企业的运行机制发生了质的变化，只有根据市场的需要进行资源配置和组织生产，成为真正自主经营、自负盈亏的利益主体和经济实体，只有不断提高产品的质量和效益，去参与资源配置的市场竞争，企业在市场竞争中才能得以不断地寻求生存和发展。随着科学技术的进步，我国经济结构及产品结构向知识和技术密集型方向转变。越来越多的企业日益重视科技开发和劳动者素质的提高在占领市场竞争中的作用，企业主动加强与高等学校合作，这给高校商务英语专业开展校企合作注入了新的活力。现实中，商务英语教育有时存在信息交流不畅、教学内容滞后、专业布局不合理、人才定位不准确等问题，这都与校企之间缺乏紧密的联系和沟通有着直接关系。实施商务英语教育校企合作人才培养模式，可以使学校根据企业的人才培养规格要求，调整专业设置，开设课程，使商务英语专业与行业、产业发展融合在一起，改革教学内容和教学方式。在教学过程中，理论与实践紧密结合，学校与企业密切联系，企业为培养“双师型”教师提供实践锻炼，向学校推荐技术工程人员到学校担任兼职教师，以及为学生岗位实践提供场地，学生在企业进行经常性的实习和技能培训，并将所学知识运用到生产或工程实践中去。校企还可共同建设实训基地，增强办学的针对性和灵活性。

（二）校企合作的必然性

高校商务英语教育是高等教育的一种类型，它兼有职业教育和高等教育的双重属性，职业属性是指它的培养对象是针对职业岗位群的，以技术应用和技艺型为主的高等教育属性；是在相当于高中文化程度基础上进行的第三级教育。高校商务英语教育的根本特点是培养目标的应用性、专业设置和课程结构的职业性、教学过程的实践性和办学过程的社会性，它是从职业岗位的知识能力基础出发，以培养建设、管理、服务第一线需要的高等技术应用型专门人才为根本项目。从高校商务英语教育的专业设置和课程结构的职业性特点来看，高校教育与普通高等教育最大的不同之处是两者的教学体系。我国多数高校商务英语院校还没有解决这个问题，普通高等教育的专业设置是按学科来划分的，有的专业是一级学科，有的是二级学科，也有的是三级学科，总之是按学科设置专业。随之在课程结构上，是以该学科的理论体系为框架设置，课程包括主干课程与一般课程，组织实施教学注意的是理论知识的系统化、完整化。高校商务英语教育主要是按社会职业岗位来设置专业，课程结构有明显职业性特征，即以按职业岗位所需要的知识和能力为依据来设置课程、组织教学和实习，培养能胜任该岗位工作，并能迅速进入角色的人才。它的理论体系淡化了传统学科教育的系统性、完整性，注重介绍理论应用范例、应用范围、实际操作和管理规范。它的实践教学体系，改变实践教育偏重于理论的验证，强调专业技能上注重适应高新技术与复合岗位的需要，突出实践教学上的综合性。另外，强调集体协作精神和团队精神，学生应学会自觉遵守社会道德与职业道德并具的管理能力。

从高校商务英语教育办学过程的社会性与教学过程的实践性来看，院校一般都是为了一个地区服务的，它与当地社会的联系十分密切，社会直接参与办学，故办学过程的社会性强于普通高校。高校商务英语教育当前办学体制改革的重点应放在走校企合作的道路上。首先，职业教育在服务方向上主要是为经济建设第一线服务的，学校确定培养目标时应考虑到企业对人才的需求。其次，应用型人才培养的过程也离不开企业，良好的实践场所莫过于企业生产的现场。高校教育在培养目标上的应用性、专业设置和课程结构的职业性、教学过程的实践性和办学过程的社会性，决定了它是与企业联系更为密切的一种特殊教育，决定了它不能脱离企业，不能脱离社会经济，它是与社会经济更为密切的教育。要想真正将学校办出特色，更好地进行校企合作，实施高校商务英语教育校企合作人才培养模式才是实现培养应用型人才的根本保证。

第二节　校企合作的运作机制

一、校企合作运作机制的内涵

（一）校企合作的关系

要明确校企合作运行，首先需要对合作关系这一概念进行界定。合作关系就是合作主体或成员之间形成的一种协调关系，这种协调关系的形成是以保证实现某个特定的目标或效益为目的的。合作关系从无到有的一个过程，一般是合作双方初次接触、双方彼此熟悉、双方共同进行合作关系的维护、合作双方继续或终止合作。这个合作过程表现在高校商务英语校企合作的运行中，指的是高校商务英语院校与企业共同参与校企合作中相互产生的影响及发挥各自作用的过程。本研究将这一过程划分为三个阶段：一是院校和企业通过彼此初步接触和相互熟悉启动校企合作；二是在校企合作的实现过程中，院校和企业之间通过合作项目进行进一步熟悉，对合作过程中的问题和方式等进行维护与调整，并对合作过程进行监督与评估；三是在合作结束后，对校企合作结果进行验收。

（二）校企合作运行机制

运行机制指的是在人类社会有规律的运动中，影响这种运动的各因素的结构、功能及其相互关系，以及这些因素产生影响、发挥功能的作用过程和作用原理及其运行方式。在职业教育中，校企合作运行机制是指校企合作各影响因素的结构、功能及相互发生作用的关系和这些因素产生影响、发挥作用的过程和原理以及运行方式。运行机制有好与坏之分，要保证某一运动目标与项目等的实现，必须建立一套协调、灵活、高效的运行机制。从这一定义出发，笔者主要从校企合作的组织结构、运行方式、管理制度及评价与监控体系四个方面对校企合作运行机制进行阐述。

1. 校企合作的组织机构

（1）设立校企合作组织机构

校企合作组织机构是对校企合作活动进行管理的载体。首先，院校与企业作为两种不同性质的组织，他们开展的活动有着不同的目的，基于不同的目的所各自建立的内部组织架构也大不相同，其各个部门的职责也是不一样的。其次，每个企业对校企合作的需求是不一样的，随着校企合作的进行，企业对校企合作的需求也有可能发生变化。最后，校企合作实施过程中，因其是一个较为开放的系统，具有较大的随意性和易变性。在这三方面影响下，易导致高校商务英语院校与企业信息的不对称，对校企合作管理的难度增大。因此，高校商务英语院校要及时准确地辨识信息，并做出准确的合作判断以及加强对校企合作的管理，这就需要设立专门的校企合作组织机构。

（2）校企合作组织机构的功能

校企合作组织机构的功能可以从两个方面来分析，一是连接功能。即院校成立校企合作组织机构，通过这一机构与外部企业实现连接，方便了高校商务英语院校与企业之间的联系与沟通，也有助于及时准确地了解企业需求等有效校企合作信息。二是监督功能。院校的校企合作组织机构在与企业连接的同时，也对院校与企业的合作行为进行监督，及时发现和协调校企合作过程中出现的诸多问题，避免一些不必要的成本浪费，保障校企合作顺利运行，对提高校企合作的效率也发挥着一定作用。

2. 职业教育校企合作运行方式

首先，高校商务英语教育要把教学活动与生产实践、社会服务、技术推广及技术开发紧密结合起来，加强校内外实训基地建设。高校商务英语院校要加强与相关企业的共建和合作，利用其设施、设备等条件开展实践。其次，学校可以有计划地安排教师到企业进行专业实践和考察，提高教师的专业水平。同时广泛吸引和鼓励企业单位工程技术人员、管理人员和有特殊技能的人员到院校担任专、兼职教师。最后，企业可以开展“订单”培训，并积极为高校商务英语院校提供兼职教师、实习场所和设备，也可在院校建立研究开发机构和实验中心。

院校和企业之间的合作，可以是院校根据企业需要培养人才，企业为学生提供教学实训条件；可以是院校依托企业培训教师，参加企业生产实践，企业选派工程技术人员为学校提供教学服务；鼓励企业在院校建立研究开发机构和实验中心，促进学校的专业建设和课程改革；企业可以依托院校进行员工的培养培训。

3. 管理制度

校企合作运行机制研究中所涉及的管理制度建设问题，主要是从高校商务英语院校自身的校企合作运行入手，对校企合作运行中的具体合作做出规定，从而确保院校校企合作的有序且有效运行。重点阐述诸如在教师队伍建设、实训基地建设、学生实习管理等校企合作项目中，高校商务英语院校制定与实践的以保证这些项目顺利进行的管理制度。

4. 评价与监控体系

只有对校企合作运行的各个环节进行科学的评价与监控，才能在防止校企合作运行出现偏差的同时，不断改进校企合作的运行，进而保证校企合作的有序运行，促进校企合作的发展。校企合作评价与监控体系是保障校企合作有序运行的手段。

二、校企合作运行机制建构的依据

（一）坚持教育性原则

教育的本质是培养人，人是教育的对象，校企合作作为一种办学模式，是一种教育行为。从事职业教育的教育工作者除了有意识地对受教育者完成知识传授和培养职业技能之外，还应承担受教育者通用能力的培养。

商务英语是一种专门教育、专业教育。院校与企业开展校企合作的原因之一是为完成职业教育的目标，即技能型人才的培养，因此，要求在校企合作运行过程中应坚持教育性原则，旨在防止以单纯的职业技能训练代替职业教育。德国哲学家雅斯贝斯认为，“教育是人与人精神相契合的活动”，“训练是一种心灵隔离的活动”。单纯的技能训练活动，不是育人，而是把人工具化为机器，使得学生只能适应短期的、单向的职业需求，无助于学生适应未来职业发展的需求以及学生全面发展的实现。

校企合作过程中商务英语的教育性功能的发挥，要求院校必须有一支高素质、高水平的商务英语师资队伍，教师要有广博精深的科学知识和较强的实践能力，又要具有高尚的人格，有育人的意识与本领。因此，院校在参与校企合作中要坚持教育性原则，要重视商务英语师资队伍的建设与培养。

（二）遵循市场规律

职业教育应具有市场性。高校商务英语教育是与社会经济发展联系最为紧密的教育类型，在市场经济条件下，必然应置身于市场环境之中。

为提高校企合作质量，院校必须遵循市场规律。校企合作的另一主体是企业。可能在校企合作中由于企业成熟度不高、企业参与教育历史传统的缺乏等，使得企业参与职业教育校企合作的热情不高，而院校在摸索争取企业合作的过程中存在着很大的风险且承担的校企合作项目多、负担重。学校与企业组织间关系形成的动因是资源的共享。

（三）注重质量的原则

注重质量的原则主要包括院校自身质量和校企合作的质量。从院校角度出发，院校的自身质量影响着校企合作的质量。

院校注重校企合作质量的原则不仅仅要体现在教学层面、管理质量等微观层面，还要求院校在宏观上将校企合作提升到一定的层次，不是罔顾自身实际地盲目与企业合作，而是合理开发和运用院校自身与企业中可利用的教育教学资源，提升为学生、企业和社会服务的质量。院校在与企业的合作过程中，院校应注意保持自身的优势资源并使之发展巩固，有利于与企业的合作长期进行下去。

院校自身质量是校企合作建立与保持的“生命线”，校企合作的质量是保障校企合作长久运行的关键。院校在与企业合作中，应避免片面追求合作企业的数量、合作规模和速度等短视行为，在与企业合作中更需关注合作的质量。

第三节　项目驱动式人才培育

随着我国科学技术的快速发展和经济的迅猛发展，企业走向市场，功能改变，自主权扩大。企业由单一的生产型转变成以企业为主的多种经营的开拓型。为了适应这种变化，企业在用人方面需要大量的实用型、技术型、劳动型的人才，也就是说企业需要大量的动手型、技能型人才，这样院校原来培养出来的单一知识型人才就不能满足用人单位的需要，这种事实即给院校在培养人才方面提供了事实依据，项目驱动式即是技能型人才培养的良好方法与途径。

一、项目驱动法的内涵

所谓“项目驱动法”就是在学习的过程中，学生在教师的引导和帮助下，紧紧围绕一个共同的“项目”，在强烈的问题动机的驱动下，通过对学习资源的积极主动应用，进行自主探索和互动协作的学习实践活动。“项目驱动”即围绕专业人才培养目标，专业教师与企业技术骨干共同参与，科学选择设计教学项目，以项目驱动教学内容的选择和教学过程的实施，使学生在完成项目的过程中，逐步掌握专业核心技能，达到人才培养目标的要求。“项目驱动”是一种建立在建构主义教学理论基础上的教学法，它要求“项目”的目标性和教学情境的创建，让学生带着特定项目自主探索问题，在完成“项目”的过程中，培养学生自学以及教学资源信息处理能力，知识和技能点把握、消化的能力和理论联系实践的能力，增强学生的独立意识和协作精神。在这个过程中，学生还会不断地获得成就感，可以更大地激发他们的求知欲望，逐步形成一个感知心智活动的良性循环，从而培养出独立探索、勇于开拓进取的学习能力，实现“授之以渔”的教学效果。

二、项目驱动式人才培养模式的具体实施

（一）确定教学内容和教学项目

根据教学内容确定具体的项目时要考虑到以下三点，一是项目一定要涵盖面广。项目应包括职业岗位所涉及的相关知识、相应能力、个人素质，使学生在完成项目的过程中完备知识体系，形成职业能力，提升职业素养。二是项目要清楚，具有可操作性。项目的内容设定要明确、清楚，这样学生才能目标明确，另外，项目还要具有可操作性，使学生在探索实施的过程中充分运用已经学过

的知识，通过自己的实践，使所学的知识和技能进一步深化巩固，使学生的学习能力、综合运用知识的能力和实际操作的能力同步提高。三是项目要体现科学性。科学性是指项目要反映行业发展的最新趋势，让学生通过参与具体的工程项目学习最新的技术，并有利于学生知识、技能的迁移和创新意识、创新能力的培养。还要遵循循序渐进的原则，遵循学生的认知规律和专业技能形成的规律，由简单到复杂，由低级到高级，由局部到整体，由单项到综合安排项目内容。

（二）人才培养注重实践能力性，以项目驱动组织教学内容和实施

项目驱动式人才培养注重学生实践能力的培养，要做到“教、学、做”融为一体，这就要有别于传统的以传授知识为主的课堂教学方式，重点以传授技术、技能、技巧、技艺为主的教学模式。根据“必需、够用”的原则，整合形成模块化课程体系，包括基本素质课程模块、专业基本能力课程模块、职业核心能力课程模块、可持续发展能力课程模块等。根据课程模块的功能，科学选择项目，以项目驱动教学内容的组织，使之有效服务于学生职业能力的形成和职业素养的提高。在实施中要根据认知规律和职业技能形成的规律，沿着单项演练—模拟仿真—综合训练的思路来安排项目，并紧紧围绕项目工程对应的岗位能力和岗位素养的形成，将理论教学与实践教学相互交融。

（三）人才培养注重评价性，以学校、行业、社会评价带动教学评价改革

项目驱动式人才培养模式在教学评价方面，改革了传统的教学评价模式，实行过程结合终结、个体结合集体、学院结合社会及企业的三结合评价方式。一是过程结合终结，重点考查学生在学习过程中的态度表现以及代表项目学习的最终作品的质量。二是个体结合集体，重点考查学生的综合素质，重点考查

团队协作精神。三是学院结合社会及企业，即是实行学院评价、社会行业评价和企业评价的有机结合。学院评价即通过对工程项目的设计方案、项目模拟实验、项目的具体操作等评价学生对知识的掌握和运用，这种评价倡导学生对项目进行创新，同时发展学生的个性；行业评价以社会资格认证为主，即将职业资格认证的标准作为评价工程项目完成的质量、实施教学考核的依据，使学校教学与行业要求保持一致，增强学生的能力；企业评价采用反馈式评价，即由企业对学生顶岗实训和毕业实习期间进行项目实践的考察，对其综合素质做出总体评价。由企业对学生的思想政治表现、敬业精神与工作态度、与周围同事的关系、独立解决问题的能力、理论知识与专业知识的应用情况、工作中的创造性等若干核心要素进行全面考核，做出鉴定。企业在对学生进行鉴定评价的同时，也对学校的专业教学提出建设性的意见和建议，实现校企对接，增强人才培养的实用性。

（四）人才培养注重与岗位的对接

以校企合作、项目驱动组织校内生产性实习。项目驱动式人才培养模式始终贴近社会生产第一线，注重学校教育和企业教育的有机结合。学校通过培养满足企业需要的高质量的人才、与企业合作开发、实施项目，为企业提供人才、智力支持。企业为学生的实践提供设备、资源，为学生准备实践的岗位，选派责任强、技术水平高、经验丰富的员工具体指导学生的实践工作，和学校一起承担育人责任。同时企业作为人才培养质量的检验者和最终的受益者，将企业对人才的要求渗透在育人过程中，对学校人才培养提供建设性的意见，实现学校教育与生产劳动、社会实践相结合。

三、项目驱动式人才培养模式在商务英语教学中的应用

项目驱动式人才培养模式提出了以呈现项目——明确项目——完成项目——项目评价为主要结构的四阶段论，下面，谈谈项目驱动式人才培养模式在商务英语教学中的应用。

（一）呈现项目

教师应根据学生的学习水平、教学目标，将课程所规定的知识分成许多块，巧妙隐含在一个有趣的项目中，以激发学生探求知识的积极性，使学生通过完成项目而达到既定的培养目标。教师根据教学目标，结合学生心理发展和学习水平，从一个实际问题或生活中的实际现象出发提出学习项目，引发学生的认知冲突，激发学生的学习兴趣，产生学习的内驱力。学生在接受项目后，教师要引导其拟订完成项目的可行计划或者实施方案。例如，在《国际商务模拟》课程教学中，以“请你向我介绍你的公司和公司的产品”为项目呈现给学生，并提醒学生要解决的问题及解决问题必备的语法特征，这样一个带有挑战性的项目呈现到学生的面前，引起了学生极大的学习兴趣。同时完成项目所需的知识与其原有的认知结构产生了严重的冲突，学生就会拟订新的学习计划和完成项目的初步实施方案，从而有利于学生获取新知，形成新的知识结构体系。

（二）明确项目

学生接受了项目，对完成项目也有了一个初步的实施方案，接下来的环节就是将项目进一步明确。建构主义认为，学生知识的获得是在一定的情境下，借助其他的帮助，利用学习资源通过意义建构方式获得的。这时，教师应创设项目情境，提供与项目相关的学习资料、参考方法和网上相关资料的位置等，为学生完成项目指点迷津，积极培养学生剖析问题和解决问题的能力。

（三）完成项目

实践证明，通过学生间的合作交流，将会更好地补充知识结构的缺陷，完善问题解决的技巧与方法。例如，在《国际商务模拟》课程教学中“请你向我介绍你的公司和公司的产品”项目中，教师将全班学生分成几个小组，让他们合作去网上查找选定公司的基本信息以及公司产品等有用信息。同时，教师对学生加以正确引导，把握整个完成项目的内容、进度和方向，给学生以思考的机会和时间，为学生自主学习、自主探索创造一个良好的空间。然后，把课堂交给学生，让他们充分展示自己的学习成果，学生个个都是主角，极大地激发了学生的学习积极性，学生的英语表达能力和国际商务职业能力得到了有效的提高。

（四）项目评价

当学生用幻灯片形式将项目完成后，先让学生自己进行评价和小组与小组互相评价，修改不足之处，再举行一个成果展示会，聘请专家对学生作品进行评价和点拨。通过对学生学习成果的评点，学生更加明确了完成项目的有效途径。学生通过再次分析项目，利用有效的学习情境，形成了自己的学习、思维方法，建立了新的知识结构。实践证明，项目驱动式人才培养模式的实施，使学生的职业能力和职业素养不断提高，教学质量稳步提升，受到社会的普遍认可和赞扬。用人单位反映学生在学校所学的本领和企业的要求非常接近，工作起来，上手快，效率也高。

第四节　工学交替式人才培育

工学交替人才培养模式是一种学校与企业共同制定人才培养方案，学生在企业生产实践与学校学习相互交替，学用结合的教育模式。在此模式中，学生先参加企业实践，后学校学习，学生进校后一、三、六学期在企业实践和学习，了解企业的生产技术、岗位的技术要求和素质要求，感受企业文化，提高了学生学习目的的适切性。企业参与了人才培养的全过程，从培养方案、教学计划、课堂教学到学习实训等环节企业全程参与，学生具有员工和学生双重身份，具有企业和学校两个教学场所，企业学习和学校学习有机结合。

一、校企合作工学交替培养人才模式的特征

校企合作工学交替培养模式的概念实质是指学校和企业合作育人的方式，工学交替更进一步指明合作的具体形式。关于工学交替的概念，目前并没有一个统一的定义。1987 年，第五次世界合作教育会议中对“工学交替”提出以下五个特征，一是人才目标，培养应用人才是工学交替教学的根本目标。二是教学质量，教学质量应保持较高的水平，服务于人才培养。三是教学主体，院校和用人单位共同参与人才培养过程，包括教学计划的制定、教学过程的管理等。四是生产工作，学生从事生产活动是教学计划的重要组成部分，并且具备明确的占比，是学生成绩考核的指标之一。五是起止时间，有明确的教学起止时间，符合学校学期。

和传统的以学校为主的教育模式相比，工学交替具体有以下四个方面的特

点，一是工学交替是一种合作教育，教育过程是由学校和用人单位合作共同完成的。二是工学交替改变了传统的学生先学理论知识后进行专业实习的教学模式，变为理论学习和操作技能实习交替进行，从而使学用紧密结合。三是在工学交替的学习过程中，学生既是学校的在校学生也是实习企业的员工，具有双重身份。四是在工学交替的教学过程中，充分利用了学校和企业两个教学场所，学校和企业两个教学资源。

二、实行工学交替的必要性

工学交替之所以能被大多数相关专家认可为职业院校的改革和发展的主要方向，在于工学交替对于职业教育发展的重大意义。

首先，通过工学交替可以促进学校、学生和用人单位的相互了解。职业教育是直接面向社会职业岗位的一种教育类型，需要学校、学生和企业等用人单位三方合作才能真正完成，这就需要合作的三方首先要真正地相互了解。而工学交替的实施则为三方的相互了解提供了很好的途径，在学校寻找合作企业的过程中，校企双方首先可以达到相互的了解，包括双方各自的需求、各自的运行过程、双方能够合作的方式等。在工学交替的实施过程中，和学生之间的了解可以逐渐加深，同时也可做到在毕业之前企业等用人单位和学生之间的深入了解，用人单位可以提前发现和储备所需的人才，学生可以提前了解用人单位的需求和工作情况，也有助于寻找适合自己的就业方向。

其次，通过工学交替可以使学生在毕业之前就能真正熟悉相关岗位的操作技能，并可通过企业真实工作环境的体验和熏陶，培养学生“吃苦耐劳”“团结合作”“遵守纪律”等职业素养，这无疑对学生的技能提升具有极大的促进作用。同时，在工学交替过程中，学生顶岗实习单位会为实习学生支付一定的劳动报酬，这可以在一定程度上减轻学生家庭的经济负担，因此有些地方已经把工学交替作为助学的一种手段和方式。

再次，通过工学交替可以较好地满足企业对相关人才的需求。通过和学校进行工学交替的合作办学，企业可以从顶岗实习的学生中及早地发现人才，及早地储备人才。对于生产任务间歇性较强的企业还可以把学校作为相关岗位人才的蓄水池，当企业生产任务饱满时，让学生到企业顶岗实习，当企业生产任务较少时，则让学生在学校进行理论知识和文化课的学习，从而大大降低企业的人力成本。

最后，通过工学交替可以极大地促进院校的健康发展。通过工学交替，可以使学校更好地了解企业等用人单位的需求，从而使学校能够更好地把握自己的办学方向；通过工学交替可以提高院校教师的职业技能素质。这些无疑对院校的稳步健康发展具有极大的促进作用。总之，通过实行工学交替的实施可以做到学校、学生和企业单位的多方共赢，这也就说明了院校实行工学交替的必要性。

三、院校实行工学交替培养模式必须解决的主要问题

（一）慎重选择合作企业

对于工学交替要想起到好的作用，合作企业的选择无疑是第一步，也是最重要的。笔者认为，合作企业应是合法注册经营的高等规模以上企业，并应满足以下基本条件。所提供的岗位专业对口，合作企业应能为学生提供专业对口的实习岗位，并愿意为实习学生支付较为合理的报酬，而不能只是将学生作为

廉价的劳动力；应能提供专业岗位相关的一般设施、专业设备和技能培训人员，以满足学生技能学习的需要；具有较为完善的实习学生管理和考核制度，以对学生进行全面有效的管理；具有一定的实习学生生活实施保障和学习娱乐场所，以保障学生的基本生活和学习需要。

（二）改革人才培养方案的制定和管理

工学交替模式的实施将给学校人才培养方案的制定和管理带来较大的困难。例如，由于学生要有近一半的时间到企业进行顶岗实习，如果仍采用三年的高校学制，如何保证学生的理论和文化课的学习时间，从而防止将工学交替办成培训班。如果协议合作企业是生产任务不连续的企业，企业对实习学生顶岗实习的时间要求将是不确定的和断续的。那么学校的人才培养方案如何能最大程度地满足企业的随时用工需求就是必须要解决的基本问题之一。

为了保证学生基本文化课和理论课的学习时间，可以在保留三年学制的情况下减少学生的寒暑假时间。采用传统的学籍管理和教学班级方法，管理方便，缺点是不能完全满足生产任务较饱满的企业用工需要，因为生产任务较饱满的企业需要学生顶岗实习的时间可能较长，而寒暑假能提供的补偿时间比较有限。同时学生选择性较小，不能根据自己的实习情况灵活选择自己的学习时间。适当延长学制年限，实行弹性学制，可根据当届学生顶岗实习时间的长短将学制年限延长为四年或五年，此方法的优点是可以较好地满足企业的用工需求，也可以为不同学生根据自身情况安排实习和学习时间提供一定的灵活性，缺点是学生的学籍管理和教学班级组织工作量较大。而为了满足非连续生产企业用工时间上的不确定性，可以采用细化的模块化课程和学分制管理，所谓细化的模块化课程和学分制，是指不仅将应学课程按照技能分成不同的模块并分配相应的学分，而且进一步将每个技能课程模块细分成授课时间较短的课程单元模块并分配相应的学分，课程单元的授课时间可以短到一个月甚至一个周，学生每修完一个单元模块就可拿到相应的学分，在规定的学制年限内累计修完规定的学分则可以正常毕业。显然采用弹性学制下的细化学分制既能保证学生的培养质量，又可以满足企业单位的用工需求，不失为一种较好的教学计划管理方法。

（三）制定完备的顶岗实习学生的管理及考核制度

建立顶岗实习学生管理的长效机制，学生在用人单位顶岗实习期间其身份不仅仅是学校的实习学生，同时是企业的一名员工（因为企业为其支付实习工资），实习学生的双重身份决定了其管理的特殊性，为了保证顶岗实习的顺利进行，学校和企业应成立双方联合的管理机构，以便发现问题时校企双方能及时地沟通并尽快找到有效的解决办法，尤其是工学交替的开始阶段，有专门的校企双方协调机构可以提高效率。

校企双方应共同制定切实可行的实习学生管理的规章制度并严格执行，包括基本的考勤制度、安全操作制度、实习表现的考核制度和奖惩制度等，也可以将学生的实习表现和毕业年限挂钩，为学生的顶岗实习提供一定的压力和动力，促使学生能遵守企业单位的规章制度和相关操作规程，并积极主动地学习相关技能。

（四）加强校本教材的开发建设，适应工学交替的需要

工学交替的实施对学校的授课教材提出了新的要求，要求所用教材须真正地结合实际应用，理论教材能够充分满足实际应用的需要，实训教材能够真实体现实际的操作过程。能够满足细分的模块化教学的需要，灵活地按照模块组织教学。教材内容能够根据实际岗位操作工艺的变化不断变化，显然满足以上要求的教材不是全国通用、数年稳定不变的通用教材，而只能是根据各自学校

合作企业岗位而变化的校本教材，校本教材的建设将是一个动态的不断改进的过程。

（五）制定相关教师的培训及绩效管理机制

工学交替的实施也必将对学校的师资提出新的要求，尤其是要求学校专职教师必须熟悉相关岗位的操作过程和操作步骤，熟悉相关岗位的工艺设备，要求教师能够真正成为“拿起书本能讲课、挽起袖子能干活”的“双师型”教师。这就要求学校一方面要引进企业操作经验丰富的师傅作为学生的技能操作教师，另一方面要送自己学校的专职教师到企业去锻炼和进修，去熟悉相关岗位的操作，要求学校必须要制定相关教师去企业培训的纪律要求、绩效考核制度、奖惩制度和相应的激励机制等管理机制。

由于工学交替的培养模式能够达到学校、学生和企业的多方共赢，必将成为我国职业教育的未来发展方向。但是工学交替也对学校的办学模式、各种管理思想和措施提出了巨大的挑战，要求学校必须对原有的相关管理模式进行改革。随着广大职业教育教师的探索和实践，我国的工学交替模式一定能得到快速的完善和发展，我国的高等职业教育将会迎来另一个发展的春天。

第五节 复合型人才培育

一、复合型人才的基本特征

复合型人才主要是指具备一定的综合特征和复合型特征，并可将学到的专业技能和知识应用于现实生活或社会实践，且能够结合当前的社会生产实际，将相关技能知识理论转变成生产力的人才。而所谓的外语复合型人才，则主要是指能够熟练、全面地掌握一门或多门外语或其他学科的实践技能和专业理论知识的综合性人才。该类人才应在外语综合素质、复合技能、智力潜力、专业常识、水平等方面的表现十分优异和突出，尤其应具备运用外语语言可精准描述某专业技能知识的能力。

外语复合型人才要在掌握基本专业理念知识的前提下，具备较强的专业基础和语言表述功底，而这也恰恰是形成综合素质、技术能力，开发个人智能和潜力的前提和基础。与此同时，任何一种语言的产生和发展，都会有与之相适应的背景文化知识和历史渊源，外语也不例外，故在此也要求学生具备渊博的历史、文化、政治、经济等方面的知识，同时也要具备良好的个人文化底蕴和综合素养。潜能和智力，在专业知识升华和内化等方面具有较为直接和关键的影响，具体体现在适应力、创造力、竞争力和思维力等几个主要方面，要求学生具备将两个或两个以上学科的知识进行交融的能力，从而逐渐形成综合化的潜力元素；同时掌握两个或者两个以上学科的专业知识和实践技能，并可在此过程中完成思维的自由转换，从而在其他的学科领域中做出较为突出的成就，真正实现“一专多能、通专结合”的目标；人格和思想上要有十分出色和亮眼的表现，思想道德情操、世界观、价值观和人生观正确，生理和心理健康，具有奉献拼搏精神和良好的团队协作意识，等等。只有完全满足上述要求的人才，才可被称为优秀复合型人才。

二、院校复合型人才培养分析

各院校在培养外语复合型人才的过程中，应注重开阔学生视野，面对各种专业和学科的学生，应制定出具有针对性的人才培养目标，并对当前的教学管理体制加以创新，从而源源不断地为社会输送优秀的外语复合型人才。应用型院校外语复合型人才培养应理清人才培养思路和方向，具体可以从以下五个方面入手。

一是立足当前实际的发展问题。在此环节中，应重点关注当前教学过程中，重视外语考试成绩而忽视语言中深层化文化的问题。这里所提到的“文化”并非单指外语语言国家的专属文化，同时也包括了不同国家之间文化的沟通与交流。故各院校在进行外语教学的过程中，同样应重视该问题，明确文化交流的重要性。具体做法为，在实践教学过程中，教师应引导学生深入、全面地把握语言中所传达出的文化内涵，取其精华去其糟粕；在学习外国语言文化的过程中，还应做到对本国文化的继承与发扬，切不可忘本。

二是注重理论与实践相结合。上文提到，部分院校在开展外语教育活动的过程中，仍存在着教学与实践相背离的问题，导致学生无法将课上学习的知识应用于社会实践中。基于上述问题，很多院校应在课程设置中适当增加实践课程，从而为学生搭建社会交流与实践的平台。在教学内容设置上，也应结合当今社会的实际发展需求，设置出具有针对性的教学内容，目的是让学生学以致用。

三是创新教学手段。由于教学模式和手段的传统单一，常使学生失去学习兴趣，进而也导致了实践能力和外语语言能力薄弱的问题。为此，各院校可在今后的教学实践中，强化第一课堂与第二课堂的有效结合，并努力创建出丰富多彩的校园文化。在教学模式改革上，可借助先进的现代化多媒体技术，最大限度地吸引学生的注意力，从而提升其课堂积极性，为复合型人才培养质量的提升提供保障。

四是应用实践教学。若想提升外语应用型人才的培养质量，可从课外锻炼入手。从当前实际的发展状况看，一些院校在教学过程中，虽已开设外语口语课程，但受到学时、班级学生人数等方面因素的限制和影响，基本只有教师在讲授，没办法保证学生在课堂上的实践锻炼，这也自然而然地会影响到学生的自信和勇气。基于上述问题，外语教学应继续开展小班教学，并且每个小班的学生数量应控制在较少的人数，如13—15人，从而最大限度地发挥口语课程的开设作用。在此过程中，还应重视学生交流、师生交流与教师评价的相互结合，以此调动学生的课堂积极性。

对于很多非外语专业的学生而言，其当前的外语教学方法和教材亟待改革，当前大多教授的都是一些基础性的内容，如基本的阅读理解、口语交际、单词等，严重抑制和影响了非外语专业学生外语能力和水平的提高，故教学模式改革势在必行。

五是强化外语交流。在平时的教学过程中，教师应鼓励学生多看外国电影、听外语歌曲、开口讲外语，从而营造出良好的外语学习氛围和环境。与此同时，还可在课下开展与外语相关的实践活动，使学生在活动过程中，学会相互学习，自主学习，学生之间还可交流实践经验，并可加强与外国留学生的交流，借此机会了解对象国的语言文化，从而不断丰富自己的知识阅历。另外，教师还可鼓励学生定期参加外语国际竞赛，这些国际性实践活动的开展，更加有利于优秀复合型外语人才的选拔，与此同时，也能大幅度提升学生的语言应用能力，提升其学习积极性，对于学生自身临场发挥能力、分度气场、独立思考能力、团队协作精神的培养具有十分关键的意义，同时，也可有效提升院校外语复合型人才的培养质量。

三、复合型人才需求

在世界多极化、文化多样化、经济全球化时代背景下，不仅科技领域酝酿着一场变革，产业革命也蓄势待发，国际贸易在合作中存在竞争，而且竞争越来越强。竞争的焦点最终落实在高素质、复合型人才的培养上。商务英语人才需求加剧，基于跨境、跨文化的商务英语人才需求尤为突出，迫切需要院校基于经济全球化时代背景，深化校企合作，校企协同，进一步提升院校人才培养质量。

数据表明，企业海外业务发展与复合型人才培养存在密切的关系，尤其是商务英语复合型人才。企业海外业务比例越大，人才需求越强；同样，商务英语复合型人才培养质量越高，对企业海外业务发展推动力越大。

四、复合型人才培养模式

校企协同模式下，商务英语人才培养以产业发展为推力，院校商务英语人才培养要树立产业导向意识，根据全球产业发展特点、中国经济新常态的需求积极推动专业创新，使专业创新紧贴产业发展，满足当前产业发展多元化对人才的需求，从而提升院校商务英语人才培养的针对性与有效性，为产业发展提供人才支撑。校企合作是实现院校专业创新与产业发展融合的有效路径，校企合作经过相当一段时期的发展，经实践证明是优化院校商务英语人才培养的有效路径。校企协同模式下商务英语人才的五位一体化培养将进一步深化校企合作，针对校企合作存在的突出问题，秉持合作共赢的原则，调动校企双方在校企合作中的主动性与创造性，将校企合作推向一个新的高度，提升院校商务英语人才培养层次。课赛融通是提升院校商务英语人才培养质量的一项重要改革，通过优化院校人才考核机制，以赛代考，赛考结合，将考试与比赛有机融合起来，通过比赛的形式促进院校专业建设，促进学生商务英语学习，促进商务英语教学改革等，课赛融通将成为培养复合型商务英语人才的重要抓手之一，也是院校商务英语教学改革的重点。众创空间迎合了创新环境下创新创业的新特点、新需求，充分利用社会力量，借助多元化创新示范区、院校、科研所等优势力量，促使各种优势力量进行深入聚合，为创新创造良好的发展空间，为院校复合型商务英语人才培养提供有力的外部保障。

专业创新是校企协同模式下商务英语人才培养的核心，它是商务英语人才培养的最终落脚点。在产业发展驱动下，专业创新将立足于为产业发展提供专业人才支撑平台，深化商务英语人才培养改革，将研究的焦点直指商务英语学科教学的机制内核，优化商务英语教学内容，丰富教学方法，创新教学模式，全面提升院校商务英语人才培养质量。校企协同模式下商务英语人才培养的各个要素之间不是孤立的，是关系密切、不可分割的，它们互相支撑、互相促进，形成一个有机的商务英语人才培养生态链。

校企协同模式下商务英语人才培养，坚持以产业为导向，将商务英语人才培养与地区产业人才需求结合起来。目前，各地区都基于经济全球化与经济发展新常态，出台了相关推动产业发展的新政策、新机制，打造具有深远影响力的品牌产业，增强外贸产业可持续发展能力。院校要加强市场调研，根据地区产业发展长效规划，合理制定商务英语人才培养框架，使商务英语人才培养与地区产业需求有机结合起来，提升商务英语人才培养的前瞻性与可持续性，发挥产业引擎的拉动作用。

在新的经济发展模式下，院校商务英语人才培养需要进一步调整人才培养定位，根据市场人才需求，科学定位。院校要结合时代经济发展大环境与自身办学条件，制定一套适应产业发展的商务英语人才培养长效规划。要充分审视自身人才培养优势与特色。在长期发展中，院校形成了具有自身特色的人才培养模式，积累了丰富的经验，院校要充分发挥优势，扬长避短，放大优势效应。同时基于产业发展及时调整人才培养目标。

校企合作的一个有效路径是校企联合办学，院校要借助企业强大的资金优势与资源优势，积极推动校企联合办学，创新商务英语人才培养模式。通过联合办学，开展富有针对性的商务英语课程学习、模拟实践训练、职业资格认证等，进一步提升商务英语课程教学的针对性与有效性；通过真实的模拟实践训练，提升学生实践与应用能力；通过职业资格认证，优化学生素质结构，为学生创造更多的发展空间。

校企合作将进一步推动全面合作，深化项目合作。为了进一步深化校企合作，研发智能手机应用，基于商务英语开设针对性课程，院校要主动承接全国性、国际化活动，在活动中锻炼学生实践应用能力，拓宽学生视野，进一步提升实训基地建设的实效性，为学生创造更多的锻炼机会与发展平台，建立起立体化、无缝化校企合作模式。

校企协同模式下商务英语人才培养，将进一步推动学生考评机制改革，颠覆传统的单一化考试制度，尝试以赛代考，通过比赛的形式对商务英语人才的理论与实践素养进行考查。以赛代考评价方式，不仅能够检视学生理论素养，而且能够全面检视学生综合素养。院校要引导学生参与国际、国家级、省级、市县级比赛活动，通过不同级别的比赛拓宽学生视野，也为学生走向社会进行有效的铺垫。在以赛代考中，院校要加大比赛成绩在学生考评中的占比，以激发学生参与各类比赛的积极性，使学生能够适应不同档次、不同场景下的应用需求。院校要深刻认识到比赛只是一种手段，旨在提升商务英语人才的综合素质。院校要进一步提升“比赛”载体运用的前瞻性，坚持课赛融通理念，以赛促教、以赛促学、以赛促研，通过比赛促使教师对商务英语教学进行反思，查找人才培养中存在的不足，及时优化教学举措；促使学生对学习进行反思，包括学习中的得与失，从而进一步提升商务英语学习的针对性与有效性；促进教学科研发展，深化教学研究，推动产学研一体化，充分彰显比赛在商务英语人才培养中的效应。借比赛之点，形成以点带面的商务英语人才培养格局。

校企协同模式下商务英语人才培养首先将推动院校与院校之间的人才培养进行互动。目前，不少院校之间由于存在激烈的竞争，校际的人才培养互动动力不足。院校要基于区域发展优势，利用当前大学城的地域优势，提升校际互动的主动性，实现校际师资、教学资源、硬件设施的共享，全面深化校际互动，包括教研互动、活动互动、实践活动等，互相借鉴、互相促进、扬长避短，从而提升院校商务英语人才培养水平。目前，无论是国际大环境，还是国内市场环境，都保持健康、良性发展态势，这为院校商务英语人才培养创造了良好的外部环境。院校除了积极推动校际的人才培养互动外，还要主动与市场对接，充分利用国内、国际市场优势，积极寻求相对成熟的合作共育主体，打造品牌示范性实践基地，开辟校内校外对接通道，借助市场优势，提升校内育人服务水平，提供更便捷、更精准、更专业的服务，将教育影响力转为生产力。

校企协同模式下商务英语人才培养需要制定翔实的、可持续的创新人才培养方案。院校要基于商务英语人才培养模式，深入开展市场调研，深入大中小型企业，深入不同行业，准确把握各个行业、不同规模的企业对商务英语人才的需求，以及市场对商务英语人才的素质需求，从而获得第一手方案，形成可行性调查报告。在此基础上，酝酿并制定商务英语创新人才培养方案，并对方案的可行性进行充分的论证，以确保方案的落地，并产生有效的效果。理论教学与实践教学是商务英语教学的有机组成部分。专业协同创新下，院校要努力贯通理论与实践课程体系，将理论教学与实践教学有机融合，并结合岗位对商务英语人才素质需求，实现教学目标教学内容的深度融合，以理论指导实践，以实践促进理论消化，发展学生创造力。

此外，社团是院校学生自发性组织，它在学生中具有很强的影响力。院校要善于借助社团的影响力，建立并完善社团团队孵化机制，以社团为集聚点之一，借用已有的社团组织或开设商务英语专业化社团组织，以项目为抓手，强化学生抱团意识，以团队的形式深入开展学习实践活动、岗位实践活动等，使学生在不同的商务情境中应用英语、体验角色，提升学生商务英语学习的岗位意识、情境意识，提升学生商务英语学习的目的性，为学生走向岗位、胜任岗位奠定基础。

参考文献

[1] 叶锐 . 高校商务英语教学创新发展探索——评《商务英语教学与研究》[J]. 中国高校科技 ,2022(06):108.

[2] 刘海霞 . 基于跨境电商发展下的商务英语教学有效策略 [J]. 中国多媒体与网络教学学报 (中旬刊),2022(05):165-168.

[3] 宋春梅 , 肖学农 . 课程思政理念下跨文化敏感度发展模式在商务英语教学中的应用研究 [J]. 海外英语 ,2021(20):161-162.

[4] 夏露 . 新时代的商务英语教学发展研究 [J]. 海外英语 ,2021(20):179-180.

[5] 张银笑 . 信息化教学改革下高职商务英语教师角色转型与发展 [J]. 财富时代 ,2021(08):247-248.

[6] 杨文革 , 赵雪 . 双创教育导向下商务英语专业人才能力培养的现状与发展研究 [J]. 商展经济 ,2021(09):83-85.

[7] 李敏 . 全人教育视阈下新时代我国大学商务英语教学方法创新研究 [D]. 西南大学 ,2020.

[8] 杨珊 . 商务英语专业教学与发展研究 [J]. 海外英语 ,2020(13):74-76.

[9] 陈志旗 . 教学评价创新与商务英语人才职业能力发展研究 [J]. 高等职业教育 (天津职业大学学报),2020,29(03):71-75.

[10] 王卉 . “一带一路”人才需求下商务英语专业教学改革研究——评《基

于教育转型发展视阈下高校商务英语教学的创新研究》[J]. 征信 ,2020,38(06):2.

[11] 魏春忠 . 面向跨境电商发展的高职商务英语教学研究 [J]. 英语广场 ,2020(06):95-96.

[12] 刘娇 . 高职商务英语专业电商创新创业人才培养探索 [J]. 教育现代化 ,2019,6(49):182-183+190.

[13] 方耀萍 . 面向跨境电商发展的高职商务英语教学研究 [J]. 文化创新比较研究 ,2019,3(16):127-128.

[14] 姜霞 . 中国高校商务英语教师学科教学知识建构研究 [D]. 上海外国语大学 ,2019.

[15] 宋国双 . 应用型本科院校商务英语教学与外贸企业融合发展的策略研究 [J]. 科技资讯 ,2019,17(12):131-132.

[16] 康颖 . 基于跨境电商创新创业发展的商务英语教学模式初探 [J]. 风景名胜 ,2019(04):266+268.

[17] 何佩蓉 . 基于跨境电商创新创业发展的商务英语教学模式初探 [J]. 才智 ,2019(09):173-174.

[18] 苗媛媛 . 论中医药海外发展战略下商务英语教学团队建设 [J]. 文化创新比较研究 ,2019,3(07):117-118.

[19] 王莉 . 高校转型发展中商务英语课程教学模式中存在的问题分析 [J]. 校园英语 ,2018(42):35.

[20] 赵龙 . 关于商务英语专业实践教学基地建设现状及发展的思考 [J]. 校园英语 ,2018(39):95.

[21] 贺萍 . 基于“最近发展区”理论的商务英语教学方法的应用探究 [J].

西部素质教育 ,2018,4(14):156-157.

[22] 李金叶 . 基于跨境电商创新创业发展的商务英语教学改革探析 [J]. 佳木斯职业学院学报 ,2018(03):320-321+488.

[23] 田夕伟 . 基于互联网背景下的商务英语专业创新模式探索 [J]. 现代职业教育 ,2017(33):62-63.

[24] 匡丽 . 电子商务发展对电子商务英语信息化教学造成的影响分析 [J]. 校园英语 ,2016(29):2-3.